THORSTEN HAVENER
ICH WEISS, WAS DU DENKST

Das Geheimnis, Gedanken zu lesen

ROWOHLT TASCHENBUCH VERLAG

Lieber Christian,
dieses Buch ist für dich!

3. Auflage März 2009

Originalausgabe
Veröffentlicht im Rowohlt Taschenbuch Verlag,
Reinbek bei Hamburg, März 2009
Copyright © 2009 by Rowohlt Verlag GmbH,
Reinbek bei Hamburg
Copyright © 2009 bei Thorsten Havener
Redaktion Mendlewitsch + Meiser, Düsseldorf
Umschlaggestaltung Dirk Eckert | DE-GRAPHIKBÜRO
(Bild: Armin Zedler)
Satz aus der Rotis Serif und Berthold Akzidenz Grotesk, InDesign,
bei KCS GmbH, Buchholz bei Hamburg
Druck und Bindung CPI – Clausen & Bosse, Leck
Printed in Germany
ISBN 978 3 499 62520 6

INHALT

EINLEITUNG 9

KAPITEL EINS
DIE WELT IST DAS, WOFÜR WIR SIE HALTEN 17

DER ERSTE EINDRUCK 26

ES IST, WIE ES SCHEINT 33

KAPITEL ZWEI
DER KÖRPER VERRÄT UNSERE GEDANKEN 37

DER GEIST FÜHRT DEN KÖRPER 46

- Augen: Spiegel der Seele 51
- Mund: sprechen ohne Worte 68
- Kopf und Hals: Haltung bewahren 74
- Schultern und Arme: was Positionswechsel ausdrücken 78
- Hände: die Welt ergreifen 79

- Beine und Füße: der Wink
  in die richtige Richtung　　　　　　　　　　86

- Körper: die Wirkung der intuitiven Sprache　　88

DER KÖRPER FÜHRT DEN GEIST　　　　　　92

KAPITEL DREI
MIT UNSEREN GEDANKEN DIE WELT
BESTIMMEN　　　　　　　　　　　　　　99

DIE MACHT DER AUTOSUGGESTION　　　　100

DIE KRAFT DER FREMDSUGGESTION　　　　110

SPRACHE SCHAFFT REALITÄT　　　　　　　117

- Die wichtigsten Zauberwörter
  unter der Lupe　　　　　　　　　　　　118

- Verbal Power: kleine Unterschiede,
  großer Effekt　　　　　　　　　　　　　134

KEIN X FÜR EIN U:
TÄUSCHUNGEN ENTLARVEN　　　　　　　140

- Widerspruch in einem Satz　　　　　　　147

- Komplimente machen　　　　　　　　　148

- Belohnungen geben　　　　　　　　　　148

- Lebensphasen nutzen　　　　　　　　　149

- Was wäre, wenn …　　　　　　　　　　150

- Immer wieder gern gehört　　　　　　　151

- Informationen: das A und O
  des Gedankenlesens　　　　　　　　　152

KAPITEL VIER
ES GIBT KEINE GRENZEN:
EIN MENTALTRAINING 159

KAPITEL FÜNF
DER AUGENBLICK DER MACHT 175

KAPITEL SECHS
ES IST MEHR MÖGLICH,
ALS SIE DENKEN 182

EIN WORT ZUM SCHLUSS 187

LITERATURVERZEICHNIS 189

DANKE AN 191

EINLEITUNG

Alles begann am 12. April 1986. Seit diesem Tag ist nichts mehr wie zuvor, mein Leben sollte sich schlagartig verändern. Es war der Tag, an dem mein Bruder beim Fallschirmspringen tödlich verunglückte ...

Einige Wochen später, als ich sein Zimmer aufräumte, fand ich zufällig ein paar Requisiten für Zaubertricks, die Christian sich einige Jahre vor seinem Tod gekauft hatte. Er war kein Entertainer gewesen, aber für ihn hatte die Zauberei immer etwas Faszinierendes gehabt. Er hatte deshalb einiges auf diesem Gebiet ausprobiert, aber seine Bemühungen immer schnell wieder aufgegeben, weil er nicht gern vor Publikum stand. Ich war zeitlebens ein ganz anderer Typ und genoss es bereits als Kind, vor Menschen aufzutreten und sie zu unterhalten. Meine erste Chance dazu bekam ich bereits mit sechs Jahren, als ich auf einer Hochzeitsfeier Otto-Witze erzählte. An diesen Auftritt erinnere ich mich noch heute ganz genau.

In dem Moment, als ich im Zimmer meines Bruders stand und seine Zauberutensilien in Händen hielt, passierte etwas mit mir. Ich war sofort gefesselt, das spürte ich, und schlagartig für diese Sache entfacht. Mit Hilfe der Utensilien konnte ich mich in eine Welt flüchten, in der es buchstäblich keine Grenzen gab. In eine Traumwelt, die mir ganz allein gehörte und die ich dennoch, wenn ich wollte, auch mit anderen teilen konnte. Innerhalb kürzester Zeit entwickelte sich meine Liebe zur Zauberkunst zu einer regelrechten Sucht. Ich war gefangen von den grenzenlosen Möglichkeiten und gab mein gesamtes Taschengeld für Zaubertricks aus. Teilweise wartete ich wochenlang fieberhaft auf Pakete aus München oder Hamburg, wo ich die Utensilien bestellte. Wenn diese endlich ankamen, sperrte ich mich in meinem Zimmer ein und übte. Übrigens: Etliche dieser Sendungen aus München wurden von meiner heutigen Frau zur Post gebracht, weil sie bei dem von mir favorisierten Versandhändler arbeitete. Ich lernte sie Jahre später auf einem Zauberkongress kennen, und wir sind seit dieser Zeit ein Paar.

1986 sollte auf diese Weise eines der wichtigsten Jahre meines Lebens werden, und auch die nächsten Monate brachten mir entscheidende Erkenntnisse und unersetzliche Begegnungen. Im Sommer reiste ich nämlich mit einer Jugendgruppe nach Frankreich. Als Betreuer auf dieser Reise fuhr ausgerechnet der Hobbyzauberer Jörg Roth mit. Wir freundeten uns sofort an und tauschten uns über unsere Erfahrungen mit der Zauberei aus. Von ihm lernte ich viel, und schon im Dezember desselben Jahres hatte ich gemeinsam mit ihm meinen ersten Auftritt bei der Weihnachtsfeier einer Kirchengemeinde. Alles lief erstaunlich gut, und von diesem Tag an wusste ich ganz sicher: Das will ich später beruflich machen.

Sämtliche Reisen hatten ab diesem Zeitpunkt nur noch einen Zweck: mehr über die Möglichkeiten in Sachen «Zauberkünste» zu erfahren. In New York beispielsweise gab ich alle meine Ersparnisse für Zauberaccessoires aus, die ich dann mit Hilfe meines Vaters nach Deutschland schmuggelte. Mein erster Aufenthalt in Wien war vollständig dem Zauberladen

«Viennamagic» gewidmet. Allerdings hatte ich noch nicht das richtige Gefühl bei der Auswahl der Tricks entwickelt. Ich kaufte wahllos einfach alle Zutaten, die ich mir damals leisten konnte. Unter anderem einen Geldbeutel, aus dem Flammen loderten, wenn man ihn öffnete. Ich führte diesen Trick niemals öffentlich vor, aber beim Üben im Hotelzimmer löste ich damit einen Feueralarm aus, sodass sämtliche Bewohner noch spät am Abend aufgeregt ihre Zimmer räumen mussten – nur weil ich einen kleinen Zaubertrick ausprobiert hatte.

In dieser Zeit zauberte ich überall: im afrikanischen Busch oder auch auf einer kleinen Insel der Seychellen. Nichts anderes war mir wichtig. Endlich gab es etwas, womit ich die Leute begeistern konnte. Für meine Passion nahm ich deshalb auch viele Mühen auf mich. Als ich 1987 mit meiner Mutter nach Kalifornien fliegen durfte, tat ich das nur, weil ihre Reisegruppe einen Abstecher nach Las Vegas machen sollte. Dort wollte ich unbedingt die Show von Siegfried und Roy sehen. Was ich vorher nicht gewusst hatte: Damals war es in den USA unmöglich, ohne Begleitung eines Erwachsenen auch nur einen Orangensaft zu bestellen, wenn man noch keine 21 Jahre alt war.

An den Besuch einer Abendshow gemeinsam mit mir wagte unser Reiseleiter daher noch nicht mal zu denken, wie ich zu meinem Bedauern feststellen musste. Aber es sollte alles ganz anders kommen, wie ich noch erzählen werde. Dass ich all diese Highlights und mein einziges Ziel verpassen würde, hatte ich erst in San Francisco am zweiten Tag der Rundreise erfahren. Vor lauter Frust gab ich deshalb mein ganzes Geld in einem Zauberladen an der Fisherman's Wharf aus und kaufte dort die wichtigsten Tricks ein, die ich während meiner kompletten Schulzeit und auch noch am Anfang meines Studiums bei meinen Vorführungen einsetzen sollte. Meine Mutter hatte schließlich die geniale, rettende Idee, um mich doch noch in die Show zu schmuggeln: «Wir schminken dich älter», meinte sie. Gesagt, getan. Und der Clou, so ergänzte sie, werde sein, dass der Effekt sehr viel überzeugender ausfallen werde, wenn sie mich in eine Frau verwandeln würde. Mir war sofort klar, dass dies leicht möglich sein sollte: Ich hatte zu dieser Zeit schulterlange Haare, keinen Bartwuchs, und drei Viertel der Reisegruppe war sich sowieso nicht sicher, ob ich ein junger Mann oder doch eine junge Frau wäre. Sie sehen, wieweit mich meine Obsession schon vereinnahmt hatte: Ich stimmte dem Plan tatsächlich zu: «Ja, genau so werden wir es machen.» Ich ging also wirklich geschminkt, mit hohen Schuhen, Abendkleid und Handtasche ausgestattet zum Eingang des Veranstaltungsraums. Und mein Vorhaben sollte tatsächlich klappen: Ich konnte die Show miterleben! Es war phantastisch. Und den Aufwand allemal wert.

Als ich diese Geschichte Jahre später Siegfried erzählte, war er begeistert und rauchte sofort eine Zigarre mit mir – in aller Freundschaft. Glücklicherweise war es in der Folgezeit nicht mehr notwendig, mit derartigen Tricks zu arbeiten. Und Langzeitschäden trug ich ebenfalls nicht davon. Vier Jahre später reiste ich dann als Thorsten Havener erneut nach Las Vegas, um mir die Show meines Jugendidols David Copperfield anzuschauen. Ein ähnlich prägendes Erlebnis, weil er schon immer ein großes Vorbild für mich gewesen war und seine Kunst mich maßgeblich beeinflusst hatte.

Schon während meiner Schulzeit ließ ich auf unzähligen Geburtstagen, Vereinsfeiern, Sommerfesten, Hochzeiten oder Stadt- und Schulfesten Sektflaschen und Tische schweben. Mein Repertoire umfasste bereits alle Klassiker der Zauberkunst: Ringe verketten und wieder lösen, Bälle zwischen den Fingern erscheinen und verschwinden lassen usw. Das volle Programm. Das alles unterlegt mit Musik von Pink Floyd, Steve Miller, Sting und Madonna. In den neunziger Jahren nahm ich sogar an Show-Wettbewerben teil und bin französischer Meister im Zaubern in der Sparte «Magie Générale» geworden. Ich erinnere mich noch gut daran, wie ich mit meiner heutigen Frau nach Tours fuhr und dort mit ihr in einem modernistischen Plastikhotel wohnte, nur um am Wettbewerb teilnehmen zu können.

Sie merken schon, während der Schulzeit gab es für mich scheinbar nur einen Berufswunsch: Zauberer. Das stimmt allerdings nicht ganz, denn ich wäre auch gern Musiker geworden. Aber die Jams meiner Schülerband «Reinhard and the Nobbers of Incompetention» waren nicht annähernd so erfolgreich wie meine Auftritte als Zauberer. Ob das am Namen der Band oder unseren musikalischen Interpretationen lag, lässt sich heute nur schwer feststellen.

Die endgültige Entscheidung für meine heutige Laufbahn fiel während meines Universitätsstudiums der «Angewandten Sprachwissenschaft sowie Übersetzen und Dolmetschen». Schon in der Schule hatte ich mich als ernsthafter Zauberer auch mit den Randgebieten der Zauberkunst befasst: mit Hypnose, Körpersprache, Techniken der Aufmerksamkeitslenkung und Okkultismus. Diese Themen interessierten mich wirklich. Doch während meines Auslandsstudiums in Monterey in Kalifornien schließlich platzte eines Tages – genau genommen bei einer Dolmetscherübung – der letzte Knoten. Von einem bestimmten Moment an hatte ich den Eindruck, schon vorab genau zu wissen, was der Redner, dessen Vortrag ich übersetzen sollte, als Nächstes sagen würde. Ich erahnte plötzlich intuitiv, welches Thema er im Folgenden anschneiden würde, und hatte von da an immer das Gefühl, ganz nah am, ja direkt mitten im Geschehen zu sein – viel näher an der Sache als zuvor. Ich konnte mich auf meine Empathie verlassen! Dieser zweite Wendepunkt in meinem Leben ereignete sich im Frühjahr 1998.

Mein Können wollte ich zukünftig auch meinem Publikum in einem Experiment demonstrieren. Ich setzte den Plan sofort in die Tat um: Bei meinem nächsten Auftritt bat ich einen Zuschauer, an eine Person zu denken, die er gern mochte. Daraufhin sagte ich ihm auf den Kopf zu, dass er an seine Tochter mit dem Namen Sabine denke. Der Mann begann daraufhin zu zittern und bekam Schweißperlen auf der Stirn. Eine vergleichbare Reaktion hatte ich in meiner bisherigen Laufbahn noch kein einziges Mal durch einen klassischen Zaubertrick auslösen können. Dieses Erlebnis bestärkte mich weiter in meinem Vorhaben, die herkömmliche Zauberkunst aufzugeben und mich ganz dem Gedankenlesen zu verschreiben.

Immer wieder werde ich gefragt: «Wie machen Sie das eigentlich, Herr Havener?» Eine berechtigte Neugier, und doch liegt in der Antwort zugleich mein gesamtes Geschäftskapital. Verständlicherweise. Die Frage wurde mir allerdings so oft gestellt, dass ich nach einiger Zeit Überlegungen anstellte, ob ich nicht doch einige wichtige Techniken der Allgemeinheit zur Verfügung stellen sollte. So wurde die Idee zu diesem Buch geboren: Ich würde einen Einblick in meine Werkzeugkiste mentaler Instrumente gewähren. Ich könnte ausführen, welche Methoden auch im Alltag – und nicht nur auf der Bühne – anwendbar sind. Darüber hinaus könnte ich erzählen, wie ich diese Methoden bislang genutzt und welche Erlebnisse ich bei deren Anwendung hatte. Genau das alles werden Sie deshalb in diesem Buch erklärt finden. Nachdem Sie bei sich selbst die Grundlagen des effizienten Beobachtens, Denkens und Einschätzens geschaffen haben, werden Sie es mir möglicherweise nachtun können, die Gedanken anderer Menschen zu erahnen. Schritt für Schritt.

Was ich eigentlich sagen wollte: Letztendlich war mein Schicksal schon am 12. April 1986 besiegelt worden. Mein Leben hätte sich sicher ganz anders entwickelt, wenn mein

Bruder sich nicht ein paar Utensilien zum Zaubern gekauft hätte. Aus diesem Grund widme ich dieses Buch meinem Bruder Christian. Du fehlst mir sehr.

München, im November 2008
Thorsten Havener

KAPITEL EINS
DIE WELT IST DAS, WOFÜR WIR SIE HALTEN

Mein Studium des Fachs «Übersetzen und Dolmetschen» war sehr interessant und hat mir viel Spaß bereitet. Hier hatte ich Gelegenheit, täglich dieselben Menschen bei ihren Vorträgen intensiv zu beobachten. Das war sehr wichtig für mich, denn meine Aufgabe als angehender Dolmetscher bestand darin, diese Reden in eine andere Sprache zu übersetzen: entweder ins Englische, Französische oder Deutsche. Ein Job, der sehr viel Konzentration und eine schnelle Auffassungsgabe erfordert. Ich kannte nach einigen Semestern unwillkürlich die Eigenheiten sämtlicher Redner. Ich wusste genau, wie sich jeder Einzelne präsentiert: ob er gerne mit den Beinen wippt, sich beim Reden mit den Fingern durch die Haare fährt oder unruhig hin und her blickt, wenn er nervös wird. Und vieles mehr.

Eines Tages nahm ich mir bewusst vor, weniger auf das zu achten, was gesagt wurde, sondern vielmehr mein Augenmerk darauf zu richten, wie es geäußert wurde. Durch die Zauberei war ich ein sehr guter Beobachter geworden. Ich erinnere mich noch gut daran, wie ich einmal in meiner Dolmetscherkabine saß und allein durch genaues Hinsehen zum ersten Mal erkannte, wann der Sprecher sein Thema wechseln würde. Sobald ich auf die richtigen Signale achtete, war es möglich, diesen Moment herauszufinden! Wie gesagt war mir dieses Phänomen 1998 in Kalifornien bewusst geworden. Aber was bedeutete das für mich und meine Arbeit? Und weitergehend: Welche allgemeine Erkenntnis ließ sich daraus ableiten? Das waren die Fragen, die mich ab diesem Zeitpunkt beschäftigten.

Ich las daraufhin sehr viel über die Zusammenhänge zwischen Psychologie und Gehirnforschung. Und mir wurde rasch Folgendes klar: Die Signale, die ich jetzt wahrnahm, hatte ich auch schon früher empfangen. Ich hatte sie nur nicht beachtet. Jeder Mensch verfügt über Eigenheiten, die viel über seine Person und seine Gedankenwelt verraten. Aber ich hatte all diese Details nie bewusst wahrgenommen, und daher waren sie für mich wie nicht existent. Das heißt aber nicht, dass diese Botschaften nicht dennoch die ganze Zeit über ausgesendet worden sind!

Mein persönliches Fazit: Ab einem bestimmten Moment hatte ich mich stärker auf das konzentriert, was mir zuvor durch meine ausgewählte Perspektive verborgen geblieben war. Durch die Veränderung meiner Sicht auf die Realität konnte ich von jetzt an Facetten der Wirklichkeit erkennen, die normalerweise von vielen unbeachtet und unausgewertet bleiben. «Das Geld liegt auf der Straße, man muss es nur aufheben», heißt es in einem Spruch. Mit dem Sehen und Erkennen ist es genauso: Man muss beides nur auf die richtigen Ziele richten.

Das Wahrnehmungs-Experiment

Bitte nehmen Sie sich 30 Sekunden Zeit und sehen Sie sich in dem Raum um, in dem Sie sich gerade befinden. Bitte merken Sie sich in der nächsten halben Minute so viele blaue Gegenstände, wie Sie von Ihrem Platz aus sehen können. Lesen Sie erst dann weiter.

Haben Sie viele blaue Gegenstände gesehen? Gut, dann nennen Sie mir jetzt bitte, ohne sich erneut umzuschauen, drei grüne Dinge aus demselben Raum.

Sehen Sie: Sie haben sich so sehr auf eine Sache konzentriert, dass Ihnen anderes verborgen geblieben ist, obwohl es existiert! Ganz simpel. Auf diese Weise dringt vieles nicht in unser Bewusstsein, weil wir sofort vergessen, was wir zwar gesehen, aber nicht realisiert haben. Lesen Sie jetzt bitte folgenden Satz:

«75,2 Prozent aller befragten Teilnehmer hatten Probleme, sich an die genaue Zahl der Teilnehmer zu erinnern, die – ohne erneutes Hinsehen – die Prozentzahl vom Anfang dieses Satzes wiedergeben konnten, sobald sie an dessen Ende angelangt waren.» Wie ist es Ihnen dabei ergangen?

Mir scheint: Je älter wir werden, desto ungenauer beobachten wir. Meine Kinder dagegen sehen die unglaublichsten Dinge um sich herum und experimentieren ständig damit, Gegenstände zweckzuentfremden. Als Erwachsene tun wir das nicht mehr. Wir erkennen etwas und stimmen das Gesehene sofort mit unserer Erfahrung ab. Oft bemerken wir die Dinge dadurch nicht mehr als das, was sie wirklich sind, sondern kreieren unsere eigene Welt durch unsere ganz persönlichen Filter. Wie die folgende Leseprobe zeigt:

> «Sicherlich knenen Sie auch dei Studie, in dre hersuafegnuden wrude, dass die Reinehfloge der Bustcahbne für uns nihct mher witchig ist. Nur die esrten und ltezten Buhctsaben müssen krorket sein. Wir heban die Wröter so oft gesehen, dass wir die flasche Reiehnfloge druch unsere Erafhrung umtslelen und die rcihtige Beduetung der Wörter so in unesrem Kopf autoamtisch enttseht ...»

Sie sehen: Unsere Erfahrungen bestimmen, was wir sehen! Abgesehen davon, dass wir Unmengen an Informationen überhaupt nicht bewusst wahrnehmen, filtern wir zusätzlich noch weitere Details aus, indem wir die Wirklichkeit durch unser Vorwissen (oder jedenfalls durch das, was wir zu wissen glauben) ergänzen oder gar zu vervollkommnen versuchen. Alles soll unseren Erwartungen entsprechen. Diese Selektion ist allerdings sehr wichtig, auch wenn sie einen negativen Eindruck macht, denn wenn wir sie nicht träfen, dann würde uns die Informationslawine erdrücken.

Unsere Sinne täuschen uns dabei immer wieder – unaufhörlich. Denn beim Sehen, Fühlen, Riechen, Tasten und Schmecken können wir nie alle Aspekte gleichzeitig wahrnehmen – das liegt in unserer Natur. Die Augen zum Beispiel müssen eine dreidimensionale Welt auf der Netzhaut abbilden, die lediglich zweidimensional ist. Dabei gehen bereits viele Informationen verloren. Bei diesem Prozess nehmen unsere Sehorgane aber immer noch ungefähr ein Gigabyte an Informationen pro Sekunde auf. Das ist extrem viel. Es entspricht beispielsweise einer Datenmenge von ungefähr 500 000 Buchseiten. Damit wir aus diesen Informationen das uns Wesentliche und Wichtige herauslesen können, müssen wir auswählen. Und auch das ist uns nur in sehr beschränktem Maß gezielt möglich.

George A. Miller hat in seiner Arbeit «The Magical Number Seven, Plus or Minus Two: Some Limits on Our Capacity for Processing Information» gezeigt, dass der Mensch lediglich die Fähigkeit hat, bis zu sieben plus oder minus zwei Informationseinheiten gleichzeitig wahrzunehmen. Sobald es mehr werden, ist der Beobachter überfordert und beginnt, die Dinge fehlerhaft zu erkennen und automatisch, sozusagen zum Selbstschutz, auszublenden.

Ein Beispiel: Die Zahl 1726404 können Sie sich vielleicht nach einmaligem Hinsehen fehlerfrei merken. Bei der Zahl 172640485 wird das schon sehr viel schwieriger sein. Denn jede hinzugefügte Ziffer ist eine weitere Informationseinheit. Aber wenn Sie die zweite Zahl in drei Informationseinheiten zu je drei Ziffern aufteilen, fällt es Ihnen schon leichter, sie sich zu merken. Sie wissen sofort: 172 640 485. Sehen Sie? Kennen Sie das Gefühl, dass jemand eine Ihnen bekannte Telefonnummer in andere Informationseinheiten verpackt und Sie dieselbe Nummer deshalb nicht mehr sofort erkennen? Eine Erklärung: Sie sind es gewohnt, Ihre Telefonnummer in folgenden Paketchen zu diktieren: «7 444 27 66.» Und jemand sagt: «Aha, ich habe verstanden: 744 42 76 6.» In diesem Fall müssen Sie die Ihnen eigentlich bekannte Zahl in Ihr System übertragen und erneut auf ihre Richtigkeit hin kontrollieren, weil Sie nicht auf die gewohnte Weise mit ihr konfrontiert wurden. Mit solchen Reaktionen können Sie Ihren Mitmenschen das Leben sehr schwer machen. Zudem: Bei allem, was die sieben plus oder minus zwei Informationseinheiten überschreitet, sind Sie nicht mehr in der Lage, es richtig zu verarbeiten. Die Wirkung einer Informationsüberladung funktioniert bei uns so zuverlässig, dass diese Technik sogar als Einleitung zur Hypnose benutzt wird!

Um zu überleben, müssen wir uns also ununterbrochen die für uns relevanten Informationen herausfiltern. Natürlich ist es möglich, diese Filter auszutauschen. Manchmal passiert das ganz von allein: etwa dann, wenn Sie sich ein neues Auto kaufen wollen. Sobald Sie sich nämlich für ein bestimmtes Modell entschieden haben, sehen Sie plötzlich exakt dieses Auto überall herumfahren. Der Wagen kommt aber gar nicht häufiger vor als vorher, Sie haben nur Ihren Filter verändert, weil Sie sich plötzlich mehr für dieses eine Modell interessieren. Wie zuverlässig unsere Selektion funktioniert, merken Sie auch jedes Mal, wenn Sie in einer fremden Stadt unterwegs sind: Aus Tausenden von Nummernschildern fallen Ihnen immer genau die Ihrer Heimatstadt auf.

Das gleiche Phänomen begegnet uns auch in der Kommunikation mit unseren Mitmenschen: Angenommen, Sie sind auf einer Party und stehen für kurze Zeit allein da. Sie vernehmen das Stimmengewirr um sich herum, hören aber niemandem speziell zu. Plötzlich fällt irgendwo im Raum Ihr Name. Höchstwahrscheinlich hören Sie sofort aus all den vielen Wörtern, die Sie umgeben, genau dieses eine heraus. Sie sind einfach darauf geeicht, auf Ihren Namen zu reagieren. Auch hier liegt das daran, dass wir aus allen Informationen, die auf uns einwirken, nur einige empfangen wollen und können und entsprechend auf eine bestimmte Auswahl konditioniert sind.

Gerade was diese Tatsache angeht, hatte ich vor einigen Jahren ein sehr schönes Erlebnis: Ich befand mich mit meiner Frau auf einer Geschäftsreise, und wir saßen eines Abends an einem Tisch mit zwölf weiteren Personen. Im Saal waren mehrere hundert Leute anwesend, und es herrschte ein enormes Stimmengewirr. Man konnte sich deshalb praktisch nur mit seinem direkten Nebenmann unterhalten. Mit einem Schlag aber wurde es an unserem Tisch totenstill. Die Unterbrechung der Gespräche war von meinem Nachbarn ausgelöst worden. Er hatte mich gerade gebeten: «Darf ich dich mal was ganz Persönliches fragen?» Unbewusst hatte er eine der besten Techniken angewandt, um sofort die volle Aufmerksamkeit aller Anwesenden auf sich zu ziehen. Ich komme in Kapitel 3 noch darauf zu sprechen! Denn durch unsere Erfahrung wissen wir, dass auf eine solche Einleitung höchstwahrscheinlich eine sehr interessante Information folgen wird. Daher ist unsere Erwartung sofort entsprechend hoch. Mein Tischnachbar stellte die eigentliche Frage übrigens nicht mehr.

Durch unsere Erfahrung schaffen wir also Erwartungen an unsere Umwelt und rechnen damit, dass diese so erfüllt werden, wie wir es durch unsere Erfahrung gewohnt sind: «Die Welt ist das, wofür Sie sie halten.» Das ist eine ganz zentrale Erkenntnis. Eine Studie hat bewiesen, dass sogar körperliche Auswirkungen die Folge dieses Phänomens sein können.

Bei dieser Untersuchung wurden übergewichtige Zimmermädchen eines Hotels in zwei Gruppen aufgeteilt. Einer Gruppe hatte man von einer wissenschaftlichen Studie berichtet, die besagte, das Reinigen der Zimmer beanspruche den Körper so stark wie Sport und trüge daher dazu bei, dass man allein durch das Saubermachen der Zimmer im Hotel abnähme. Der anderen Gruppe hatte man das nicht erzählt. Das Resultat: Fast alle Probandinnen aus der «Sport»-Gruppe hatten nach drei Wochen abgenommen, ohne ihr Leben umgestellt zu haben! Die restlichen konnten ihr Gewicht nicht reduzieren. Diese Erfahrung gibt dem Wissenschaftler recht, wenn er behauptet: «Die Zimmermädchen haben erwartet abzunehmen, und so trat dieser Effekt auch ein.»

Unsere Erwartung beeinflusst außerdem stark, wie wir andere Menschen wahrnehmen. Wenn uns jemand als eine sehr erfolgreiche und wichtige Person vorgestellt wird, wirkt sie auf uns anders und ruft bei uns andere Reaktionen hervor, als wenn sie uns ohne erklärende Hinweise auf ihre Bedeutung gegenüberstände. Wir tun sofort unbewusst alles, damit das Bild des betreffenden Menschen in unser Erwartungsschema passt. Auch dieses Phänomen konnte in Studien nachgewiesen werden. Denn um uns zu einem solchen Verhalten zu bringen, reichen schon kleinste Signale in der Gestik oder Mimik des Gegenübers.

Ein kleines Beispiel: Lehrern wurde gesagt, dass eine Gruppe zufällig ausgewählter Schüler im Gegensatz zum Rest der Klasse überdurchschnittlich intelligent sei. Das Ergebnis: Am Ende des Schuljahrs bekamen die Schüler mit den Vorschusslorbeeren weitaus bessere Noten als der Rest der Klasse! Die Gruppe, von der mehr erwartet wurde, war auch wohlwollender beurteilt worden! Vielleicht hatten die Lehrer mehr Nachsicht bei dieser Gruppe walten lassen und wahrscheinlich stets in einem anderen Tonfall mit ihnen geredet. Tatsache ist: Diese Gruppe hatte sich allein durch die Erwartung der Lehrer verändert! Das heißt: Egal, was wir annehmen, wir finden für unsere Annahmen immer Beweise! Darauf werde ich im Kapitel über Suggestion noch näher eingehen.

Unsere Kultur, unsere Erfahrungen, unsere Sinne und unsere Erwartungen machen die Welt für uns einzigartig. Daher ist die Welt auch für keine Person gleich. Sie ist das, wofür wir sie halten, wie gesagt. Aber unsere Erwartungen können uns auch einen Streich spielen, dann nämlich, wenn sich die Umwelt entgegen unserer Erfahrung geändert hat oder wenn unsere Erwartung schlichtweg falsch ist!

Erwartung vs. Realität

Bitte lesen Sie die folgenden Sätze:

*Das
ist ein
ein interessantes Buch.*

Das
ist der Tropfen auf
auf den heißen Stein.

Thorsten
Havener ist der
der Gedankenleser.

Na, haben Sie die doppelten Wörter sofort gesehen? Die meisten von Ihnen wahrscheinlich nicht. Das ist normal, denn aufgrund unseres Wissens und unserer Erfahrungen haben wir das Ende der Sätze bereits vorausgeahnt und deshalb nicht mehr so genau beachtet, was wirklich auf dem Papier steht. Wir folgen einfach den Mustern, die wir seit Jahren verinnerlicht haben, und können uns nur schwer von ihnen lösen.

Bitte betrachten Sie das nächste Wort und versuchen Sie, es nicht zu lesen:

- *Gedanke*

Höchstwahrscheinlich ist das für Sie unmöglich. Unsere Erfahrung, Buchstaben in einer sinnvollen Reihenfolge wahrzunehmen, ist sogar noch stärker ausgeprägt als unser Sinn für Farben.

Bitte malen Sie die folgenden Buchstaben in der jeweiligen Farbe des Wortes kräftig aus und lesen Sie anschließend nicht die gedruckten Wörter vor, sondern die Farben, in denen die

Wörter abgebildet sind. Bitte gönnen Sie sich den Spaß und sagen Sie die Farben laut und so schnell Sie können.

GRÜN ROT GELB
ROT GELB ROT

Jetzt bitte nochmal. Malen Sie die Wörter in dieser Reihenfolge von links nach rechts aus: rot, gelb, rot, schwarz, gelb, schwarz. Nennen Sie dann erneut laut die Farbe, nicht das Wort selbst:

BLAU ROT GRÜN
ROT GRÜN GELB

Fazit: Durch unsere Gewohnheiten und Erfahrungen sind wir so sehr in unseren alten Denkmustern gefangen, dass es uns sehr schwerfällt, ebendiese abzulegen. Es ist möglich, aber nicht einfach, die Dinge als das zu sehen, was sie wirklich sind, und nicht als das, wofür wir sie halten wollen.

DER ERSTE EINDRUCK

Unsere Erwartungen führen eindeutig dazu, dass wir in gewissen eingefahrenen Bahnen denken. Wie wir gerade gesehen haben, fällt es uns sehr schwer, diese Bahnen zu verlassen. Deshalb ist der erste Eindruck von jemandem auch so prägend, und wir rücken nur sehr schwer von einer einmal gefassten Meinung ab.

Bitte stellen Sie sich einen gutverdienenden Menschen vor. Sicher entsteht vor Ihrem geistigen Auge jetzt kein Bild eines korpulenten älteren Herrn. Sie sehen wahrscheinlich eher einen durchtrainierten und gepflegten Manager im Alter von 35 bis 45 Jahren in perfekt geschnittenem Anzug. Warum malen sich auf diese Frage eigentlich nur so wenige Menschen eine drahtige junge Frau im Businesskostüm in ihrer Vorstellung aus? Auch das hängt mit unseren Erfahrungen und Erwartungen zusammen. Studien zufolge verbinden wir bestimmte Charaktereigenschaften mit verschiedenen Phänotypen. Zum Beispiel verknüpfen wir mit korpulenten Menschen Aspekte wie Warmherzigkeit, Sympathie und Gemütlichkeit. Muskulöse Menschen erscheinen uns abenteuerlustiger, willensstärker und disziplinierter als extrem dünne.

Das äußere Erscheinungsbild einer Person bestimmt auf diese Weise unweigerlich den ersten Eindruck, den diese auf uns macht. Erst nachdem wir uns ein Bild des Äußeren gemacht haben, beginnen wir, auf andere Eigenschaften wie Mimik und Gestik oder Betonung zu achten. Manchmal ändert das unsere Einschätzung des Menschen, aber es ist sehr schwer, einen ersten Eindruck zu ändern! Wir alle denken uns etwas dabei, wie wir uns kleiden und schmücken – und selbst wenn sich jemand nichts daraus macht und einen braunen Blazer zu einer blauen Hose trägt und das alles noch mit einem rosa-orange gestreiften Hemd kombiniert, dann sagt auch dieses etwas über ihn aus. Wenn das so ist – so werden Sie sich vielleicht fragen –, wie sollte ich mich denn dann kleiden, um den richtigen Eindruck zu machen?

Nun, das hängt ganz davon ab, wie Sie wirken möchten. Ein Beispiel: Wollen Sie einen hohen Status zugewiesen bekommen, dann kleiden Sie sich besser als alle anderen. Aber auch dabei müssen Sie variieren und sich der konkreten Situation anpassen: Sie wollen auf einer Party sicher nicht der Einzige im Anzug oder die Einzige im Businesskostüm sein, aber im Geschäftsleben auch nicht der Einzige in Jeans, während alle anderen Krawatte oder feines Tuch tragen. Für die Party bedeutet das vielleicht: Wählen Sie hochwertige Freizeitkleidung, wenn Sie entsprechend wahrgenommen werden möchten! Im Geschäftsleben sollten Sie immer derjenige sein, der am besten von allen angezogen ist, wenn Sie am mächtigsten wirken wollen. Aber Achtung: Wir reden hier nur von Äußerlichkeiten; dennoch wirken sie ohne Zweifel. Wenn Sie sich etwa besser kleiden als Ihr Vorgesetzter, dann wird er das vermutlich bemerken und Sie als potenziellen Gegner wahrnehmen. Falls Sie das nicht möchten, sollte die Qualität Ihrer Kleidung nicht besser sein als die Ihres Chefs.

Die Möglichkeiten, aus dem Erscheinungsbild etwas über den Menschen abzuleiten, der Ihnen gegenübersteht, sind also durchaus gegeben. Ebenso kann man auf diese Weise sein eigenes Erscheinungsbild beeinflussen. Es lohnt sich hierbei, vor allem auf Details zu achten. Aus welchem Stoff ist die Kleidung: Ist er schon abgenutzt oder noch gut erhalten? Trägt die Person Schmuck, wenn ja, wie viel? Hat sie einen Ehering am Finger? Sind die Schuhe modern oder ungeputzt und alt? Hierbei sollten Sie versuchen, Ihr Gegenüber diskret einzuscannen. Niemand fühlt sich wohl, wenn er angestarrt wird.

Wenn jemand zu mir auf die Bühne kommt, achte ich genau auf solche Einzelheiten und versuche, mir ein Bild von meinem Gegenüber zu machen. Hat mein Zuschauer im Theater einen Anzug an, oder trägt er Jeans und Turnschuhe? Bei der Begrüßung achte ich vor allem auf die Beschaffenheit der Hände. Ist die Haut glatt oder rau? Gepflegte Hände lassen auf einen Beruf im Büro, in einer Agentur oder

Kanzlei schließen. Vielleicht ist die betreffende Person Arzt, Anwalt oder Bankier. Jedenfalls ist eine Person mit manikürten Händen kein Handwerker. Dennoch kann es sein, dass ein Büromensch raue Hände oder Schwielen hat. Dann können Sie davon ausgehen, dass er ein Hobby ausübt, bei dem er handwerklich tätig ist. Oder dass er Sport treibt: vielleicht Gewichtheben, Klettern, Golf oder Angeln. Das wiederum können Sie auch von seiner Statur ableiten. Ohne dass Ihr Gegenüber auch nur ein Wort darüber verloren hat, wissen Sie etwas über ihn.

Des Weiteren können Verfärbungen der Haut wertvolle Hinweise geben. Schauen Sie auf die oberen Glieder der Zeige- und Mittelfinger: Starke Raucher haben hier gelbe Flecken. Eine gelbe Hand kann auch auf eine Leber- oder Gallenstörung hinweisen. In diesem Fall neigt die betreffende Person vielleicht zur Niedergeschlagenheit oder ist leicht reizbar. Menschen mit blassen Händen leiden oft unter Blutarmut und sind daher müde und träge. Das Gegenteil ist bei Menschen mit roten Händen der Fall, die oft hitzig und stark sind. Achtung: Rote Hände können auch dadurch entstehen, dass die Person aus der Kälte in einen warmen Raum gekommen ist. Rote Flecken am Handballen liefern eventuell einen Hinweis auf überhöhten Alkoholgenuss. Allerdings: Fehlschlüsse sind leicht möglich. Also erwägen Sie alle Hinweise mit Bedacht.

Sehr aussagekräftig ist der Schmuck, den eine Person trägt: Hat sie einen Anhänger an einer Kette mit Initialen oder einem Namen? Trägt sie einen Ehering? Vielleicht auch einen Siegelring mit den Anfangsbuchstaben ihres Namens? Was für eine Uhr besitzt die Person? Rolex? Oder Swatch? Ist die Rolex echt oder eine billige aus der Türkei? Das zu bestimmen wird immer schwieriger, oft aber kann man am restlichen Erscheinungsbild sehen, ob ein Mensch mehrere tausend Euro für eine Uhr ausgibt oder eine solche Uhr einen Stilbruch für ihn bedeuten würde. Mein Tipp: Achten Sie zudem immer auf die Schuhe. Sind die schmutzig oder gar aus billigem Lederimitat? Dann ist die Uhr wahrscheinlich auch kein Original.

Oft lässt sich am Schlüsselanhänger die entsprechende Automarke ablesen. Viele Mitarbeiter haben auch das Logo ihres Unternehmens auf ein Schlüsselband aufgedruckt oder zum Beispiel einen Golfball am Bund, wenn das ihr Hobby ist. Trägt Ihr Gegenüber einen neuen Anzug oder einen, der an den Ellenbogen schon ein wenig glänzt? Wenn eine Dame ihre Handtasche öffnet, sollte es Ihnen gelingen, einen diskreten Blick ins Innere zu werfen. Hat sie hochwertiges Make-up dabei? Oder ein kleines Kinderspielzeug oder einen Schnuller? Anhand solcher Äußerlichkeiten können Sie etwas über eine Person erfahren, ohne ein einziges Wort mit ihr zu sprechen!

Kürzlich war bei einem Auftritt eine Dame mit einem auffälligen Merkmal bei mir auf der Bühne: An ihrem Hals war eine Hautpartie ein wenig dunkler. Die Form des Flecks war oval und erstreckte sich von der Mitte ihres Halses bis zur linken Seite. Nachdem ich das bemerkt hatte, betrachtete ich mir ihre linke Hand. Wie erwartet, war sie sehr gepflegt und die Fingernägel sehr kurz geschnitten. Ich kombinierte sofort: Die Dame spielt Geige. Ich habe aber nicht einfach geäußert: «Sie spielen Geige.» Ich entschloss mich, diese Information ein wenig spektakulärer zu verkaufen, und sagte ungefähr Folgendes: «Sie sind ein Mensch, der Sinn hat für die schönen Seiten des Lebens. Sie sind an Kultur interessiert, an allem Schöngeistigen.» Kaum eine Frau von Bildung würde das verneinen! Weiterhin sagte ich: «Sie lieben die Harmonie.» Klassische Musik ist meistens harmonisch, außerdem würde auch auf diese Aussage hin keine Frau den Kopf schütteln. «Sie sind jemand», fuhr ich fort, «der die Dinge nicht nur konsumiert, Sie wollen auch selbst gestalten und künstlerisch aktiv sein. Von all den Künsten, die es gibt – Literatur, Malerei, Theater und all den anderen –, haben Sie sich die Musik ausgesucht.» Auch das war korrekt.

An dieser Stelle hätte die Frau nein sagen können, schließlich war ich nicht sicher gewesen. Hätte sie es getan, wäre das nicht weiter schlimm gewesen. Ich hätte dann einfach mit meinem geplanten Experiment weitergemacht. Aber so betonte ich weiter, dass mir Mozart, Bach und Beethoven in den Sinn kämen – alle drei haben Violinkonzerte geschrieben – und dass ich schätzte, dass sie Geige spiele. Alle waren überrascht: Ich wusste etwas, das ich eigentlich nicht wissen konnte, aber trotzdem wusste, weil ich – mit Verlaub gesagt – ein exzellenter Beobachter bin.

Seien Sie detailverliebt

Dinge, die Sie stets beachten sollten, sind:

- Sprache der Person
Drückt sie sich gewählt oder sehr umgangssprachlich aus? Hat sie einen Akzent?

- Gestik
Einflussreiche Menschen bewegen sich in der Regel majestätischer und langsamer als Menschen mit weniger Macht.

- Körperbau
Menschen, die sehr fit sind und einen guttrainierten Körper haben, sind immer in Aktion. Wahrscheinlich gehen sie abends lieber ihrem Hobby nach, als vor dem Fernseher zu sitzen. Sie werden daher in der Regel nicht sämtliche Serien und Shows kennen. Wie ist die Muskelverteilung der Person genau? Ist sie Tennisspieler oder Tänzer?

- Accessoires
Hat die Person ein christliches Zeichen, etwa ein Kreuz, um den Hals hängen oder etwas anderes, das ihre Zugehörigkeit zu einer Religion verrät? Was sagen Piercings aus?

Fazit: Wie ist das bei Ihnen, prüfen Sie Ihr eigenes Verhalten doch einmal und fragen Sie sich selbst, um sensibler gegenüber Ihrer Umwelt zu werden.

Das sind nur einige wenige relevante Beispiele. Mit etwas Training werden Ihnen viele Dinge auffallen, die etwas über Ihr Gegenüber verraten. Sie müssen nur Ihre Wahrnehmungsfähigkeit kontinuierlich schulen. Trauen Sie also Ihrem ersten Eindruck, der ist fast immer richtig. Dennoch sollten Sie immer im Hinterkopf haben, dass es hier um kleine Details geht, die nur eine begrenzte Aussagekraft haben. Anhand solcher Äußerlichkeiten kann man nicht ohne weiteres und mit letzter Sicherheit auf den Charakter eines Menschen schließen. Denn auch unkonventionell oder schlecht gekleidete Menschen können einen sehr hohen Status innehaben und erfolgreich und intelligent sein.

Äußerlichkeiten zeigen immer nur eine Seite einer Person – wie sie bei Ihnen ankommen, ist die andere Seite, die berühmte Geschmackssache. Ob der Mensch per se eine liebenswerte Person ist oder nicht, ist damit noch nicht gesagt. Und mit Widersprüchen müssen Sie jederzeit rechnen. Es kommt eben auf das Fingerspitzengefühl an. Aber um einen guten ersten Eindruck zu bekommen, können diese Beobachtungen Ihnen dennoch sehr gute Dienste leisten. Auch wenn es nur um Äußerlichkeiten geht und es immer Ausnahmen von der Regel gibt – meist kommt man damit schon auf die richtige Spur. Fällen Sie Ihr Urteil mit Sinn und

Einfühlungsvermögen, dann können Sie durch genaue Beobachtung kontinuierlich Ihre Menschenkenntnis beachtlich verbessern.

ES IST, WIE ES SCHEINT

Ich habe Ihnen nun gezeigt, wie wir durch unser Denken unsere Umwelt gezielt wahrnehmen – oder wie uns auch vieles entgeht. Die Welt ist immer die, die wir uns erdenken. Wenn wir uns nur auf das Schlechte um uns herum konzentrieren, dann werden wir die Welt auch als Quelle von Übel empfinden; Menschen, die die schönen Seiten des Lebens sehen können, sind weitaus glücklicher. Wenn also die Welt die ist, für die Sie sie halten, können Sie wählen, wie Sie über die Welt denken wollen. Wir können viele Dinge nicht ändern, aber wir haben immer die Wahl, positiv auf einen Impuls zu reagieren. Zum Beispiel:

- Ärgere ich mich jedes Mal über den Autofahrer vor mir, oder bleibe ich gelassen, egal, was passiert? Zugegeben, das ist schon etwas für Fortgeschrittene.
- Wenn mich jemand beleidigt, hole ich dann zum verbalen Rundumschlag aus, oder bleibe ich sachlich?
- Wenn ich spüre, dass mich jemand hereinlegen möchte, werde ich dann wütend und ungehalten, oder nutze ich den Angriff als kleine Übung für meine Improvisationsfähigkeit und Schlagfertigkeit?

Bei einem Auftritt bat ich eine Dame aus dem Publikum, während der Pause einen persönlichen Gegenstand im Zuschauerraum zu verstecken. Nur sie sollte wissen, um welchen Gegenstand es sich dabei genau handelt und wo im Saal er sich befindet. Meine Aufgabe bestand nun darin, nach der Pause den Gegenstand zu benennen und ihn zu finden. Die Zuschauerin sollte währenddessen intensiv an den Weg denken, den ich zurücklegen müsste, um dorthin zu gelangen. Übrigens: Wie dieses Experiment geht, werden Sie im nächsten Kapitel selbst erlernen.

An diesem Abend hatte ich es allerdings mit jemandem zu tun, der bewusst an eine andere Richtung dachte und mich so auf eine falsche Fährte lockte. Ich bekam daraufhin widersprüchliche Signale, die – so war mein Eindruck – einfach nicht stimmen konnten. Vor einigen hundert zahlenden Zuschauern nicht zu wissen, wo sich der versteckte Gegenstand befindet, kann recht unangenehm sein, wenn man wie ich mit einem hohen Anspruch angereist ist. Ich war ja angetreten, mein Versprechen einzulösen. Das sollte schließlich die Sensation des Abends werden. Hier passiert gerade etwas, das nicht bei jedem Auftritt geschieht, so sagte ich mir. Ich habe der Zuschauerin also spontan, augenzwinkernd und ganz offen gesagt, dass die Nummer so nicht funktioniere. Dann habe ich sie beglückwünscht und ihr versichert, dass das sehr selten geschehe, aber sie habe es geschafft, mich zu irritieren.

Die Reaktion der restlichen Gäste war großartig – meine Zuschauer spürten, dass hier etwas Besonderes geschehen war, etwas, das nicht jeden Abend der Fall ist. Schließlich habe ich eine andere Person aus dem Publikum ausgewählt und das Experiment mit diesem Zuschauer erfolgreich wiederholt. Hätte ich allerdings falsch reagiert, wäre der Abend gelaufen gewesen. Ich konnte auch hier die Situation an sich nicht ändern, nur meine Reaktion darauf. Wir alle wollen Menschen erleben, die in schwierigen Situationen gelassen reagieren. Daher muss für den Held im Film auch zuerst immer der Bruch kommen und ihn in eine scheinbar unüberwindbare Situation bringen, die er dann glorreich meistern darf.

Hier sieht man erneut: Jedes Erlebnis ist so, wie es ist. Erst unser Denken macht es zu einer guten oder schlechten Erfahrung. Regen kann uns den Ausflug ins Grüne verderben, uns aber auch ein Museum entdecken lassen, in das wir sonst nie gegangen wären. Je nachdem, wie wir an eine Sache herantreten, können wir etwas als Problem oder als Herausforderung betrachten. Wir sollten daher unentwegt versuchen, eine offene Haltung zu den Dingen – eventuell auch immer wieder eine neue – zu entwickeln.

Darüber hinaus müssen wir jede Wendung, zu der es kommt, vorbehaltlos akzeptieren und erst einmal ohne Vorurteile annehmen. Dann haben wir die Wahl zu entscheiden, wie wir über diese Situation denken wollen. Versuchen Sie also, nicht sofort die Kategorien gut oder schlecht heranzuziehen – etikettieren Sie nicht. Sagen Sie sich: Es ist jetzt so, wie es ist. Dadurch, dass Sie keine Vorbehalte haben, sind Sie besser in der Lage, die Dinge als die zu erkennen, die sie wirklich sind – und nicht als die, die Sie haben wollen oder nicht haben wollen.

Dadurch übernehmen Sie immer selbst die Verantwortung und geben sie nicht an äußere Umstände ab. Wenn Sie vorrangig die Ursache für eine Lage bei sich suchen – und nicht anderen die Schuld für alles geben, was Ihnen zustößt –, dann behalten Sie die Fäden stets selbst in der Hand. Das gibt Ihnen die Möglichkeit, in jedem Fall angemessen und vernünftig zu reagieren. Denn wie wir bereits gezeigt haben, kann etwas beim zweiten Hinschauen ganz anders aussehen.

Falls Sie diese Strategie konsequent anwenden, spüren Sie schnell, wie Sie gelassener durchs Leben gehen. Sie wirkt wie ein mentaler Rückenwind, der Sie vorwärtsträgt. Zugegeben, hier ist ganz klar erst mal der Weg das Ziel. Natürlich wird es immer Situationen geben, mit denen wir überfordert sind, aber die werden immer seltener werden. Die Art, wie Sie über sich und die Welt denken, beeinflusst Ihr Leben also mehr, als Ihnen vielleicht bisher bewusst war. Henry Ford prägte in diesem Zusammenhang den Satz: «Egal, ob Sie denken, Sie könnten etwas besonders gut oder gar nicht – Sie behalten in jedem Fall recht.» Überlegen Sie deshalb, ob die Programme, die bei Ihnen ablaufen, Sie am Erreichen Ihrer Ziele hindern oder nicht, denn sie haben große Auswirkungen auf Ihr Lebensglück. Das bewies auch Richard Wiseman, ein englischer Psychologe, über eine großangelegte Studie. Wiseman stellte sich die Frage, ob Glück und Pech im Leben eines Menschen tatsächlich auf Zufall beruhten oder ob es psychologische Erklärungen dafür geben könnte, dass einige Menschen mehr Glück hätten als andere.

Hierzu suchte er Menschen, die sich entweder als Glückspilze oder als Pechvögel bezeichneten. Die Probanden sollten dann die Anzahl der Fotos auf einer Zeitungsseite bestimmen. Anschließend fragte er jeden Teilnehmer, wie viele Bilder das Blatt aufweise. Das Wichtigste aber wussten die Teilnehmer nicht: In der Mitte der Zeitung hatte Wiseman einen Text «versteckt». Dieser nahm eine halbe Seite in Anspruch und lautete: «Gewinnen Sie 100 Pfund, indem Sie dem Versuchsleiter sagen, dass Sie diese Anzeige gesehen hätten.»

Die selbsternannten Pechvögel waren so sehr mit dem Zählen der Fotos beschäftigt, dass sie den Text nicht wahrnahmen. Die Glückspilze dagegen waren sehr viel entspannter, nahmen die Situation locker, behielten den Überblick und gewannen fast alle das Geld. Damit konnte Wiseman zeigen, dass sie in der Lage waren, ihre Chancen besser wahrzunehmen als andere. Denn unsere Gedanken beeinflussen unsere Handlungen und ziehen Glück oder auch Pech magisch an! Wiseman schreibt: «Die Optimisten waren positiv, energiegeladen und neuen Gelegenheiten und Erfahrungen gegenüber aufgeschlossen. Die Pechvögel dagegen reagierten zurückhaltend, unbeholfen, ängstlich und waren nicht bereit, die Chancen, die da waren, auch sehen und nutzen zu wollen.»

KAPITEL ZWEI
DER KÖRPER VERRÄT UNSERE GEDANKEN

«Wenn einer viel und klug denkt, dann bekommt nicht nur sein Gesicht, sondern auch sein Körper ein kluges Aussehen.» Dieses Zitat von Friedrich Nietzsche möchte ich als Motto dem folgenden Kapitel voranstellen. Ich möchte Ihnen zeigen, wie Sie erkennen können, worauf sich Ihr Gegenüber gerade konzentriert und in welchem Modus Ihr Gesprächspartner sich befindet. Sie werden lernen, welche Auswirkungen unsere Gedanken auf unsere Körpersprache haben und wie man diese erkennen und entschlüsseln kann.

Darüber hinaus zeige ich Ihnen, dass unsere Körperhaltung auch Auswirkungen auf unsere Gedanken und Emotionen hat. Zum Abschluss werden Ihnen verbale Formeln aus der Hypnose vorgestellt, mit deren Hilfe es Ihnen möglich sein wird, die Aufmerksamkeit Ihrer Mitmenschen auf genau die Bereiche und Themen zu lenken, die Ihnen wichtig sind. Um Ihnen zu beweisen, wie sehr unser Denken und unsere Überzeugung sich auf unsere Umwelt auswirken können, schlage ich Ihnen folgende Selbstversuche vor:

Das Konstruktivismus-Experiment

Heben Sie einen Stuhl an seiner Sitzfläche hoch. Erspüren Sie dabei, so gut Sie können, das Gewicht des Stuhls und stellen Sie ihn dann wieder ab. Fokussieren Sie jetzt Ihre Aufmerksamkeit komplett auf die Oberkante der Rückenlehne. Nachdem Sie das getan haben, heben Sie den Stuhl erneut an der Sitzfläche hoch. Ergebnis: Wenn Sie sich lange genug und richtig stark auf die Oberkante der Rückenlehne konzentriert haben, dann wird der Stuhl sich leichter anfühlen.

Wie auch immer Sie sich dieses Phänomen erklären wollen: Die praktische Tatsache ist, dass Sie einen anzuhebenden Gegenstand als leichter empfinden, wenn Sie Ihre Aufmerksamkeit auf dessen höchsten Punkt oder sogar «in die Luft (etwa 30 Zentimeter) darüber» konzentrieren.

Haben unsere Gedanken eine bestimmte Richtung, dann wird unser Körper folgen. Sie entscheiden also selbst darüber, wie Sie sich fühlen. Erinnern Sie sich mal ganz intensiv an ein unangenehmes Erlebnis. Durchleben Sie diese Situation noch einmal in allen Details, so gut Sie können. Wie fühlen Sie sich dabei? In welcher Haltung sitzen oder stehen Sie? Denken Sie jetzt an ein sehr befriedigendes Erlebnis zurück und erspüren Sie diese schöne Situation wieder intensiv. Wie fühlen Sie sich jetzt?

Natürlich haben Sie einerseits unter dem Einfluss der unangenehmen Erinnerung vielleicht auch eher den Eindruck, niedergeschlagen zu sein, möglicherweise sind Sie sogar richtig unglücklich. Aber bei der Erinnerung an das schöne Ereignis wird andererseits die Anspannung von Ihnen abfallen, und Sie sind beschwingt und voller Energie. Ist Ihnen aufgefallen, wie schnell Sie Ihre Gefühle ändern konnten? Lediglich durch die Richtungsänderung Ihrer Aufmerksamkeit. Damit haben wir eine weitere Methode kennengelernt, Gefühle auch in schwierigen Situationen im Griff zu behalten. Entscheiden Sie selbst, mit welchen Erinnerungen Sie sich beschäftigen wollen.

Das Zitronen-Experiment

Stellen Sie sich vor, Sie halten in Ihrer linken Hand eine Zitrone. Strecken Sie den Arm tatsächlich vor Ihrem Körper aus und formen Sie Ihre Finger um die imaginäre Frucht. Erspüren Sie die Beschaffenheit der kühlen und frischen Zitronenschale. Sehen Sie vor sich das frische und kräftige Gelb der Frucht. Atmen Sie ein und riechen Sie den angenehm frischen Zitrusduft. Jetzt führen Sie Ihre linke Hand zu Ihrem Mund und stellen sich vor, Sie bissen in die Zitrone. Spüren Sie, wie Ihre Zähne auf die Schale treffen und wie das Fruchtfleisch seinen sauren Geschmack auf Ihrer Zunge entfaltet? Jetzt zerkauen Sie den Bissen in Ihrem Mund – er schmeckt sehr frisch und sauer. Oder?

Na, haben Sie bemerkt, wie sich beim Lesen dieser Zeilen in Ihrem Mund immer mehr Speichel gebildet hat? Allein durch Ihre Gedanken haben Sie Ihren Speichelfluss angeregt. Wenn Sie Ihre Aufmerksamkeit auf bestimmte Ereignisse – in diesem Fall den Biss in eine Zitrone – richten, dann folgt der ganze Körper dieser Vorstellung. Weil also unsere Gedanken auch körperliche Auswirkungen haben, ist es auch umgekehrt möglich, anhand der körperlichen Auswirkungen auf die Gedanken unseres Gegenübers zu schließen?

Ohne Zweifel: Ich bin nicht der Einzige und schon gar nicht der Erste, der sich mit diesem Thema beschäftigt hat. Vor mir gab es eine Reihe interessanter Persönlichkeiten, die diese Erkenntnisse untersuchten und nutzen wollten. Eine von ihnen war zum Beispiel der Amerikaner J. Randall Brown. Er wurde 1851 in St. Louis geboren und fand als Schüler heraus, dass er Gegenstände im Klassenzimmer wiederfinden konnte, die seine Mitschüler zuvor versteckt hatten. Der Schüler, der den Gegenstand versteckt hatte, musste ihn dazu nur an der Stirn berühren und sich dabei intensiv auf sein Versteck konzentrieren. Randall Brown spürte durch die Berührung, auf welche Richtung sich sein Mitschüler festgelegt hatte. Er konnte also die körperlichen Auswirkungen der Gedanken seines Mitschülers spüren!

Auch nach seiner Schulzeit führte Brown dieses Experiment immer wieder im kleinen Kreis vor. Einmal war die örtliche Presse anwesend und veröffentlichte einen begeisterten Artikel über seine Kunst. Das sollte der Beginn einer großen Karriere sein. Brown war so gefragt, dass er mit diesem Experiment sehr erfolgreich durch ganz Amerika tourte. Sein Name war von diesem Zeitpunkt an in aller Munde. Und egal, wo er auftrat, die Presse war begeistert.

Eine weitere Person, die mit einem solchen Experiment auftrat, war Washington Irving Bishop. Der hatte von Brown abgeschaut, wie man durch intensive Konzentration auf eine andere Person Gegenstände finden kann. Bishop inszenierte den Versuch nur theatralischer als Brown. Er ließ einen unbekannten Gegenstand nicht in einem Raum, sondern in einer großen Stadt verstecken. Danach verband er sich die Augen und raste, ohne sehen zu können, mit einer Pferdekutsche zum richtigen Stadtteil, um dort den Gegenstand aus seinem Versteck zu holen. Bishop war eine der ersten Personen, die blind ein Fahrzeug lenkte. Seine Kritiker schrieben allerdings, dass seine Kunst eher eine Leistung der Pferde gewesen sei und dass für ein echtes Mirakel eigentlich die Tiere eine Augenbinde hätten tragen müssen. Solche Kritiken trübten die Faszination, die von Bishops Vorführungen ausging, aber keineswegs. Er reiste mit diesem Experiment nicht nur durch die USA, sondern auch durch Europa. Er war allerdings krank und bekam nach einer anstrengenden Vorführung oft einen epileptischen Anfall, nach dem er manchmal wie scheintot wirkte. Er trug deshalb immer einen Brief bei sich, in dem zu lesen war, dass man ihn vor einer Autopsie oder Beerdigung bitte gründlichst untersuchen solle, um sicherzustellen, dass er auch tatsächlich tot sei.

Nach einer seiner Vorführungen bekam Bishop wieder einen dieser berüchtigten Anfälle und wurde gegen seinen ausdrücklichen Wunsch sofort einer Autopsie unterzogen. Seine Mutter behauptete später, er sei zu diesem Zeitpunkt noch gar nicht tot gewesen, sondern allein durch diese Maßnahme getötet worden. Bishop war nur 33 Jahre alt geworden, aber seine Kunst überlebte.

Sein Experiment wurde schließlich auch in Deutschland bekannt und unter anderem von einem Mann namens Hermann Steinschneider gezeigt. Sein Pseudonym: Erik Jan Hanussen. Wie so viele Vertreter der Kunst des Gedankenlesens war auch Hanussen eine sehr zwielichtige Gestalt, die es zu zweifelhaftem Ruhm brachte: 1889 als Sohn jüdischer Eltern bei Wien geboren, verdiente er sein Geld als junger Mann mit zum Teil sehr anrüchigen Geschäften. Unter anderem arbeitete er für die Zeitung *Blitz*, die Gerüchten zufolge Leute damit erpresst haben soll, bestimmte unangenehme Vorkommnisse aus deren Leben ans Licht zu bringen. Hanussen hatte dafür wohl ständig geeignete Kandidaten gesucht.

Neben diesen Aktivitäten hatte er sich sehr intensiv mit den Themen Hellsehen, Hypnose und Telepathie beschäftigt und war nach dem Ersten Weltkrieg zu einem der reichsten und einflussreichsten Künstler im deutschsprachigen Raum geworden. Er war berühmt dafür, seine Telepathie-Experimente mit unglaublicher Geschwindigkeit zu zeigen.

Adolf Hitler war ebenfalls von Hanussens Kunst und seinem Charisma fasziniert und verhalf ihm – trotz seiner jüdischen Wurzeln – zum Durchbruch. Unter anderem gründete Hanussen mit Unterstützung der Nazis den «Palast des Okkultismus» in Berlin. Hier hielt er für die Nazigrößen und die High Society der damaligen Zeit Séancen und okkulte Sitzungen ab. Nachdem Hanussen 1933 öffentlich den Reichstagsbrand vorhergesagt hatte, wurde er den Machthabern aber offensichtlich zu gefährlich. So wurde er nach einer seiner Vorführungen im März 1933 von den Nationalsozialisten in einem Waldstück bei Berlin erschossen. Seine Leiche entdeckte man erst Tage nach der Tat. Auch wenn Hanussen natürlich ein Mensch von fragwürdiger Moral war, als Künstler hatte er überzeugt. Ihn umgab eine ganz besondere, ungewöhnliche und starke Aura. Seine Lebensgeschichte inspirierte Lion Feuchtwanger zu seinem Roman «Die Gebrüder Lautensack», und Klaus Maria Brandauer verkörpert den Telepathen in dem Film «Hanussen». Dort wird deutlich, welch großes Geheimnis ihn umgab.

Was haben diese Menschen an sich? Was können sie, was andere nicht können? Auf welche Fähigkeiten gründet sich ihr kometenhafter, faszinierender Aufstieg als Gedankenleser? Das sind die Fragen, die auch mich nicht loslassen.

Mein – und bald auch Ihr – Geheimnis besteht darin, dass wir erspüren können, in welche Richtung eine Person denkt. Wenn sich die Aufmerksamkeit auf etwas fokussiert, dann folgt auch die Energie dieser Aufmerksamkeit. Mit sehr viel Training, Selbstvertrauen und Intuition kann jeder lernen, diese einzigartige Kraft, die eine andere Person ausstrahlt, zu erspüren. Der Fachbegriff für diese Art Kraft lautet «ideomotorische Bewegung», also eine Bewegung, die ohne Mitwirkung des Willens unbewusst ausgeführt und nur durch die Vorstellung ausgelöst wird. Sie führt zu unfreiwilligen und nahezu unmerklichen Reaktionen. Bereits 1833 definierte sie der französische Chemiker Michel Eugène Chevreul zum ersten Mal. Als eigentlicher Entdecker dieser ideomotorischen Bewegungen gilt allerdings der Engländer William B. Carpenter, er prägte jedoch keinen Begriff für seine Entdeckung. Er konnte zeigen, dass wir eine Bewegung nur denken müssen, damit unsere Gedanken uns veranlassen, diese Bewegung minimal auszuführen. Wenn Sie also beispielsweise intensiv an die Wand rechts von Ihnen denken, bewegen Sie Ihren Körper unbewusst in diese Richtung. Die Kunst besteht nun darin, jede dieser unmerklich kleinen Bewegungen zu erfassen und dadurch zu wissen, was jemand im nächsten Moment machen will. Bis heute können wir dieses Phänomen nur beschreiben. Wir wissen von dessen Existenz, haben aber keine wirkliche Erklärung dafür.

Ich selbst hatte einen Versuch in diesem Kontext lange im Programm und habe tolle Effekte damit erzielen können. Ich erspürte defekte Teile einer Maschine, fand heraus, welche Pflanze sich ein Zuschauer im Botanischen Garten in München zuvor ausgesucht hatte, und konnte selbst versteckte Gegenstände wiederfinden, die irgendwo in der nicht kleinen Wiener Innenstadt verborgen waren. Meine schönste Erinnerung in diesem Zusammenhang möchte ich Ihnen nicht vorenthalten: In Wiener Neustadt gibt es ein sehr schönes Stadttheater, in dem ich während meiner ersten Tournee einen Auftritt hatte. Zu gegebener Zeit bat ich einen sympathischen Herrn auf die Bühne und stellte ihm folgende Aufgabe: «Bitte seien Sie so nett und schauen Sie von hier oben aus in den Zuschauerraum und suchen Sie sich eine Person aus, ohne zu sagen, welche.» Danach sollte er, für mich nicht sichtbar, das Aussehen des oder der Ausgewählten auf einem Zettel kurz beschreiben. Diesen steckte er in einen Umschlag. Meine Aufgabe war es nun, das Kuvert der darin beschriebenen Person zu bringen und sie auf die Bühne zu bitten. Dort sollte schließlich die Beschreibung vorgelesen werden, damit alle Zuschauer die Übereinstimmung überprüfen konnten. Ich fasste den Kandidaten an der Hand und machte mich mit ihm auf den Weg in den Zuschauerraum. Schnell befanden wir uns in der Mitte des Saals. Ich war mir rasch sicher, schon vor der richtigen Person zu stehen, und bat sie auf die Bühne. Es handelte sich um eine sehr hübsche junge Dame mit dunklem Haar. Langsam öffnete ich den Umschlag und las vor: «Mann mit Glatze ...» Weiter kam ich nicht. Der Saal tobte – nobody is perfect!

Das Basis-Experiment: Gedanken lesen

Auch Sie können mit viel Übung die Grundlagen fürs Gedankenlesen erlernen.

- *Legen Sie dazu acht Gegenstände in einer Reihe auf einem Tisch aus.*
- *Bitten Sie einen Freund, an einen dieser Gegenstände zu denken. Versuchen Sie niemals, spontan zu erraten, welchen Gegenstand er sich ausgesucht haben könnte. Treffen Sie diesbezüglich nie spontan eine Entscheidung.*
- *Jetzt bitten Sie Ihre Versuchsperson, Ihr linkes Handgelenk fest zu umgreifen. Der Griff muss fest sitzen! Halten Sie Ihre linke Hand ausgestreckt in Hüfthöhe.*
- *Jetzt bitten Sie den Teilnehmer, an die Richtung zu denken, in die sich Ihre rechte Hand bewegen muss, um den gedachten Gegenstand zu ergreifen. Ohne etwas zu sagen, soll Ihr Gegenüber Sie navigieren und Ihnen in Gedanken befehlen, ob Sie Ihre rechte Hand nach rechts oder links, vorwärts oder rückwärts bewegen sollen.*

- *Stellen Sie sich nun leicht versetzt vor Ihren Partner und bewegen Sie Ihre rechte Hand über den Gegenständen auf dem Tisch. Versuchen Sie dabei, die Impulse Ihres Versuchspartners zu erspüren.*
- *Halten Sie den linken Arm steif und achten Sie darauf, dass die Entfernung zwischen Ihrer rechten und linken Hand gleich bleibt.*

Die Impulse, die hier eine Rolle spielen, sind nicht bei allen Menschen gleich. Ich kann Ihnen das Gefühl dabei nicht beschreiben – das müssen Sie selbst erfahren und feine Nuancen unterscheiden lernen. Lassen Sie sich nicht zu schnell entmutigen, wenn es nicht auf Anhieb klappt. Bei einigen Menschen funktioniert das Experiment leichter als bei anderen. Das ist eben so. Mit etwas Übung können auch Sie gute Resultate erzielen.

Wenn dieser Versuch funktioniert und Sie Gegenstände auf dem Tisch erspüren können, dann weiten Sie Ihren Radius aus. Lassen Sie Ihr Gegenüber Gegenstände in einem Raum in Gedanken auswählen und finden Sie heraus, welche das sind. Stehen und gehen Sie immer etwas vor Ihrem Versuchspartner. Achten Sie auf alle körpersprachlichen Signale: In welche Richtung zeigen seine Füße, und wann genau entspannt sich sein Körper?

Ich kann nicht sagen, wann man eine ausreichende Sensibilität dafür gewinnt. Man muss es immer wieder versuchen, mit aller Konzentration jede Feinheit zu erkennen. Ziel ist es dabei, irgendwann nicht mehr den Gedanken zu folgen, sondern den Weg durch Erkenntnisse gelenkt intuitiv zu erspüren.

DER GEIST FÜHRT DEN KÖRPER

Gleichgültig, was wir tun, in irgendeiner Weise verhalten wir uns immer! Wir senden ständig Signale an unsere Umwelt aus. Selbst wenn Sie in der U-Bahn reglos stehen, langsam und still Zeitung lesen oder starr zu Boden blicken, drückt Ihre Haltung etwas aus. Paul Watzlawick, der berühmte Psychotherapeut, Kommunikationswissenschaftler und Mitarbeiter der Palo-Alto-Gruppe, hat den Satz geprägt: «Wir können nicht nicht-kommunizieren.» Wichtig ist nun, dass wir lernen, alle Zeichen unserer Mitmenschen richtig zu deuten und uns unserer eigenen bewusst zu werden. Einer der Teilnehmer eines Seminars, das ich zum Thema Kommunikation gab, traf genau den Kern des Problems und sagte: «Kommunikation ist nicht das, was wir sagen, sondern das, was beim anderen ankommt!» Nur davon hängen alle Reaktionen ab, die dann folgen.

Bei jedem Kommunikationsprozess gibt es mehrere Ebenen, auf denen Mitteilungen gesendet werden. Für unser Thema sind folgende drei von besonderer Bedeutung:

- die Inhaltsebene (also die Bedeutung des gesprochenen Worts),
- die Stimmebene (ob wir laut sprechen oder leise, langsam oder schnell, mit zittriger oder fester Stimme),
- die Ebene der Körpersprache (das heißt Mimik, Gestik und Körperhaltung).

Hierzu wurden von Professor Albert Mehrabian von der University of California in Los Angeles Untersuchungen mit äußerst interessanten Resultaten durchgeführt. Mehrabian wollte wissen, wie stark sich Stimme und Körpersprache auf das auswirken, was bei unserem Gegenüber ankommt.

Das Ergebnis: Nur 7 Prozent einer Aussage werden vom Inhalt selbst bestimmt. Der Rest – 93 Prozent – wird über den Körper (55 Prozent) und die Stimme (38 Prozent) mitgeteilt! Es lohnt sich offenbar, genauer hinzuhören und exakter zu beobachten.

Diese Erkenntnis mag zuerst einmal befremdlich wirken. Aber stellen Sie sich bitte folgende Szene zwischen einem Paar vor, in der der Mann sagt: «Wir sind jetzt seit vielen Jahren glücklich miteinander. Ich möchte mit dir den Rest meines Lebens verbringen.» Er kniet vor der Frau nieder und fragt: «Möchtest du mich heiraten?» Die Frau schaut geistesabwesend wie durch den Mann hindurch, zieht die Mundwinkel nach unten, zuckt mit den Achseln, schüttelt dabei langsam den Kopf und sagt in monotonem Tonfall: «Ja.»

Ich nehme an, der Mann ist mit der Antwort nicht wirklich zufrieden. Das liegt daran, dass die Botschaft, die bei ihm ankommt, nicht dem Inhalt des gesprochenen Worts entspricht. Immer dann, wenn das Was und das Wie nicht deckungsgleich sind, der Inhalt also nicht zur Körpersprache oder zur Betonung passt, sprechen wir von Inkongruenz. Achten Sie bei einer Unterhaltung deshalb auf die Körperhaltung und die Stimme und setzen Sie sie in Bezug zum Inhalt. Das macht es Ihnen möglich, in einem Gespräch eventuelle Inkongruenz, das heißt Deckungsungleichheiten, zu erkennen und dadurch sehr viel mehr Botschaften wahrzunehmen, als wenn Sie nur auf das Wort achten würden! Wie aber kann man genauer beobachten? Auf was sollte man dabei genau achten?

Im ersten Schritt sollten Sie damit beginnen, dass Sie sich ab jetzt systematisch vornehmen, genauer hinzusehen. Das heißt auf keinen Fall, dass Sie Ihre Gesprächspartner von nun an anstarren sollen! Es bedeutet lediglich, dass Sie feinere Antennen entwickeln wollen. Gewöhnlich nehmen wir Dinge, die uns täglich umgeben, nie mehr mit voller Aufmerksamkeit wahr. Wir wären dazu aber in der Lage, wenn wir es nur wollten. Für diejenigen unter Ihnen, die nicht genug von den verblüffenden Experimenten in diesem Zusammenhang bekommen können und sich weiter ausprobieren wollen, hier eine neue Möglichkeit:

Das Uhren-Experiment

Während Sie diese Zeilen lesen, bedecken Sie bitte mit Ihrer rechten Hand Ihre Uhr am linken Handgelenk. (Falls Sie die Uhr rechts tragen, machen Sie es einfach umgekehrt.) Ich nehme an, Sie tragen Ihren Zeitmesser schon eine Weile und schauen täglich mehrmals darauf, um die aktuelle Zeit abzulesen.

- *Könnten Sie mir – aber ohne nachzusehen – sagen, ob Ihre Uhr römische oder arabische Ziffern hat? Wo stehen sie genau? Bei allen Zahlen oder zum Beispiel nur unter der Zwölf?*
- *Hat Ihre Uhr zwischen den Stunden kleine Striche, die die Minuten anzeigen? Wenn ja, sagen Sie ohne nachzuschauen, wie viele!*
- *Hat Ihre Uhr eine Datumsanzeige? Wenn ja, welche Zahl steht dort in diesem Moment?*
- *Hat Ihre Uhr ein beschriftetes Ziffernblatt? Wenn ja, was steht dort genau und an welcher Stelle?*
- *Hat Ihre Uhr einen Sekundenzeiger?*

Bitte schauen Sie kurz nach und decken Sie die Uhr dann erneut mit Ihrer Hand zu. Nun hat jeder von Ihnen soeben auf seine Uhr geschaut, und trotzdem wird ein Großteil von Ihnen nicht in der Lage sein, die exakte Uhrzeit zu nennen ...

Für diejenigen, die ohne Armbanduhr leben, hier eine Alternative:

- *Welche Farben hat das RTL-Logo?*
- *Schreiben sich die Burger-Restaurants «McDonald's» oder «Mc Donalds»?*
- *Welche Farbe hat das Sofa der Simpsons?*
- *Wie viele Pfeiler hat die Brücke auf dem Fünf-Euro-Schein, und wo steht seine Seriennummer?*
- *Welche Farben hat der Google-Schriftzug gewöhnlich?*

Merken Sie, wie unpräzise wir beobachten? Fast all diese Dinge haben wir täglich im Visier und können sie doch nicht abrufen. Unser Unterbewusstsein kennt zwar die genauen Einzelheiten, aber wir sind trotzdem nicht in der Lage, uns aktiv daran zu erinnern.

Noch vor einigen Jahren hatte ich regelmäßig Engagements in Restaurants oder bei Partys und trat dort vor kleineren Gruppen auf, meistens vor etwa zehn Personen. Ich habe die Gäste direkt an ihren Tischen unterhalten und dort für gute, entspannte Stimmung gesorgt. Dabei war es sehr wichtig, auf die einzelnen Gruppen jedes Mal individuell einzugehen und entsprechend zu reagieren. Bei so wenig Distanz kam es immer wieder vor, dass ich im Publikum sowohl Personen begegnete, die sich sehr interessiert zeigten, als auch auf Menschen traf, die ihre Skepsis äußerten.

In diesen Momenten wendete ich sehr oft eine Taktik an, die ich im vorangegangenen Kapitel bereits erklärt habe: Ich analysierte das äußere Erscheinungsbild einer Person sehr genau und suchte unauffällig nach etwas, das mir entscheidende Hinweise zu ihrem Typus geben konnte. Eine positive Resonanz bekam ich immer, wenn ich antwortete: «Sie sind sehr skeptisch, aber das ist auch ganz normal für einen Wassermann!» Natürlich habe ich das entsprechende Sternzeichen genannt, und der Betreffende war daraufhin sehr verblüfft. Wie hatte ich das wohl gemacht? Die Lösung ist ganz einfach: Alle Personen, denen ich so antwortete, hatten einen Anhänger mit ihrem Sternzeichen um den Hals hängen. Da sie diesen meist schon ewig trugen, war er vollkommen in Vergessenheit geraten. Witzig war, dass die Leute nie selbst auf die Lösung kamen, sondern immer von einem Außenstehenden darauf gebracht werden mussten, woraufhin ich meinem Gegenüber freundlich und verschwörerisch zulächelte. Fast immer hatte ich den Skeptiker danach auf meiner Seite und nicht mehr gegen mich.

Falls Sie diesen Trick einmal ausprobieren wollen, wozu ich Sie nur ermuntern kann, werden Sie selbst erleben, wie viel Verblüffung Sie ernten können.

Bereits Leonardo da Vinci beklagte die Eigenheit des Menschen, «zu schauen, ohne zu sehen, zu hören, ohne zu hören, zu tasten, ohne zu fühlen, zu essen, ohne zu schmecken, sich zu bewegen, ohne Muskeln wahrzunehmen, einzuatmen, ohne zu riechen, und zu sprechen, ohne zu denken». Beginnen Sie damit, genau diesen Fehler nicht mehr zu begehen. Beachten Sie Ihr Gegenüber ab sofort sehr gründlich und schenken Sie ihm alle Aufmerksamkeit, wenn Sie mit ihm sprechen. Sie werden sehen, dass Sie nicht nur viel mehr entdecken als zuvor, sondern auch freundlicher behandelt werden. Aber genaues Beobachten allein reicht nicht aus, Sie müssen auch wissen, worauf Sie dabei genau achten müssen. Damit machen wir jetzt weiter.

AUGEN: SPIEGEL DER SEELE

«Kann der Blick nicht überzeugen, überredet die Lippe nicht.»
So bringt es Friedrich Grillparzer auf den Punkt. Schon eine Vielzahl von Menschen hat sich auf die Suche nach möglichen Rastern gemacht, um Signale der verschiedensten Kommunikationsmöglichkeiten einzuordnen und entsprechend zu katalogisieren. Es ging ihnen dabei nicht um Dogmen oder Gesetze, sondern vielmehr um Richtwerte, an denen man sich orientieren kann. Sie sollten eine sinnvolle Hilfe auf dem Weg zur umfassenden Entschlüsselung sein, alle Impulse, die von einem Menschen ausgehen, zu analysieren.

Brauchbare Informationen dazu liefern sogenannte Zugangshinweise über die Augen, die Eye Accessing Cues, aus dem neurolinguistischen Programmieren (kurz: NLP). Diese Technik geht auf Richard Bandler und John Grinder zurück. «Neuro» steht dabei für unsere Wahrnehmung über unsere fünf Sinne. Alles, was wir wahrnehmen, gelangt über unsere Sinne (das Sehen, Hören, Riechen, Schmecken und Fühlen) in unser Gehirn. Das Gehirn verarbeitet diese Prognose und gleicht alle eintreffenden Botschaften mit bereits vorhandenen Erfahrungen und Wahrnehmungen ab. Dieser innere – neuronale – Vorgang kann starke geistige und körperliche Wirkungen haben. Denken Sie an das Beispiel mit der Zitrone – durch den Gedanken «Zitrone» lief Ihnen das Wasser im Munde zusammen. Linguistisch steht es für die Verarbeitung von Sprache: Allein durch geschriebenen Text haben Sie mehr Speichel produziert. Die Art und Weise, wie wir diese Prozesse verarbeiten, steht in Wechselwirkung mit unseren Denkmodellen («Die Welt ist das, wofür Sie sie halten.»).

Diese Denkmodelle oder auch Muster heißen im NLP «Programme». Beim NLP geht man nun davon aus, dass wir die Welt durch unsere Sinne erfahren und alle Reize in einem bewussten und in einem unbewussten Denkprozess verarbeiten. Auf diese Weise wird das neurologische System – das vegetative Nervensystem – aktiviert, und das sorgt wiederum dafür, dass unser Körper reagiert. Sie erinnern sich: Die Energie folgt der Aufmerksamkeit. Diese Verknüpfung findet hier Anwendung.

Die Art und Weise, wie wir eingehende Reize verarbeiten, ist vom Denken her nicht bei allen Menschen gleich. Verschiedene Menschen denken auch verschieden – hierbei meine ich nicht die Inhalte ihrer Gedanken, die ja glücklicherweise auch nicht bei allen Menschen gleich sind, sondern die Art, in der die Gedanken mit den Sinnen verknüpft sind. Die einen «sehen» mehr in ihren Gedanken, wogegen andere in ihnen mehr «hören». Eine dritte Gruppe wiederum «fühlt» mehr in ihren Gedanken. Die Herangehensweise ist also eine Typfrage, was sich oft schon an der Sprachwahl erkennen lässt. Die einen sagen: «Bei diesem Plan habe ich ein gutes Gefühl.» Die anderen betonen: «Da sehe ich gute Chancen.» Und wieder andere: «Das hört sich gut an.» Unser Denken steht also mit unseren Hauptsinnen immer in engem Bezug.

Sobald wir Kontakt zu einer Person herstellen, wird diese automatisch bei ihrer Reaktion in einem dieser drei Repräsentationssysteme zu denken beginnen. Ab diesem Punkt wird es langsam spannend bei unserem Versuch: Wir können nämlich nicht nur durch genaues Hinhören herausfinden, ob unser Gegenüber bei einem bestimmten Gedanken ein Bild vor sich sieht, ein Geräusch hört oder etwas fühlt. Wir können das auch durch Beobachten seiner Augen erkennen! Die Augen bieten eine Öffnung, einen Zugang zum Inneren.

Die-Sprache-der-Augen-Experiment

Bitte schauen Sie sich jetzt folgendes Bild an: Die Richtungen sind so eingezeichnet, als stünden Sie einer Person gegenüber.

- V = visuell (bildliche Vorstellung)
- A = auditiv (Geräusche wahrnehmen)
- K = kinästhetisch (gefühlte Vorstellung; Berührung, Empfinden, auch Geruch und Geschmack)
- er = erinnert (erneut ins Gedächtnis zurückgeholt)
- k = konstruiert (erfunden)
- id = innerer Dialog (sic!)

Die Augen bewegen sich nach oben, wenn eine Person an ein Bild denkt (V), unmittelbar zur Seite, wenn ihr Klänge, Geräusche oder Wörter in den Sinn kommen (A), und nach unten links, falls es zu einer kinästhetischen Empfindung kommt. Schaut Ihr Gegenüber geradeaus, so erdenkt es wahrscheinlich ebenfalls ein Bild. Übrigens, zu beachten ist: Einige Personen, einschließlich 50 Prozent der Linkshänder, führen die Augenbewegungen spiegelverkehrt aus.

Selbst eingefleischte Vertreter des NLPs werden nicht behaupten wollen, dass dieses Schema auf jeden Menschen ganz identisch zutrifft. Die Genauigkeit dieser Analysemethode ist aber erstaunlich hoch. Falls Sie jedoch auf jemanden treffen, der anders reagiert, so wird sich auch diese Person in ihrer abweichenden Reaktion immer konsistent gleich verhalten. Angenommen, jemand denkt an ein Bild und schaut dabei nach unten statt nach oben. Dann wird diese Person immer nach unten schauen, wenn sie ein Bild im Kopf hat, davon dürfen Sie im Weiteren ausgehen.

NLP erlaubt sogar noch mehr: Je nachdem, ob Ihr Gegenüber nach rechts oder links schaut, können Sie sogar ablesen, ob es gerade eine Erinnerung abruft oder in Gedanken etwas konstruiert!

Bei folgenden Fragen beispielsweise sollten die Augen Ihres Gegenübers normalerweise von Ihnen aus gesehen nach oben rechts wandern, da es sich dabei um eine visuell erinnerte Vorstellung handelt:

- Ist bei der Verkehrsampel das rote oder das grüne Licht oben?
- Wie viele Bäume stehen in Ihrem Vorgarten?
- Welche Farbe haben die Augen Ihrer Mutter?
- Wie viele Türen hatte Ihre letzte Wohnung?

Bei folgenden Fragen richten sich die Augen Ihres Gegenübers von Ihnen aus gesehen waagerecht nach rechts, wie es bei auditiv erinnerten Klängen, Geräuschen oder Wörtern der Fall ist:

- Denken Sie an Ihr Lieblingslied!
- Welcher Buchstabe kommt im Alphabet vor dem R?
- Können Sie die Stimme Ihres besten Freunds hören?

Bei den nächsten Fragen gehen die Augen Ihres Gegenübers von Ihnen aus gesehen direkt nach links, gemäß auditiv konstruierten Klängen, Geräuschen oder Wörtern:

- Wie hört sich Ihr Name rückwärts gesprochen an?
- Wie hört sich Beethovens Neunte mit der Blockflöte gespielt an?

Bei diesen Fragen gehen die Augen Ihres Gegenübers von Ihnen aus gesehen nach oben links, weil die Antworten visuell konstruiert werden:

- Wie sieht Ihr bester Freund mit rosa gefärbten Haaren aus?
- Wie sieht Ihr Wohnzimmer ohne Möbel aus?

Bei Selbstgesprächen werden sich die Augen Ihres Gegenübers von Ihnen aus gesehen nach unten rechts ausrichten, weil es sich dabei um eine Art inneren Dialog handelt. Diese Reaktion können Sie beispielsweise herbeiführen, indem Sie eine Person bitten, sich selbst zu fragen, was sie denn eigentlich beabsichtige.

Bei Gefühlen, Emotionen und dem Tastsinn wandern die Augen Ihres Gegenübers nach unten links, was zum Beispiel dann zutrifft, wenn Sie eine Person auffordern, sich auf die Temperatur ihrer Füße zu konzentrieren. Weitere Beispiele:

- Kennen Sie das Gefühl, wenn beim Schwimmen das Wasser um Ihren Körper streicht?
- Was empfinden Sie, wenn Sie im Winter in einem warmen gemütlichen Haus sind und dann nach draußen in die Kälte gehen?

Um das Beobachten der Augenbewegungen üben zu können, eignen sich beispielsweise Fernsehinterviews sehr gut. Dann können Sie eine weitere praktische Übung machen, am besten mit einem direkten Partner, den Sie allerdings nicht zu gut kennen sollten.

Das Augen-Experiment

Setzen Sie sich Ihrer Versuchsperson gegenüber und sagen Sie ihr nicht, was Sie vorhaben. Stellen Sie ihr einige Fragen, mit denen Sie interne Repräsentationssysteme abklopfen können.

Fangen Sie mit visuell erinnerten Fragen an:

- *Welche Farbe hat der Teppich in Ihrem Auto?*
- *Welche Farben haben die Augen Ihrer Mutter?*
- *Welche Form haben die Ziffern der Hausnummer draußen am Eingang?*

Alle diese Fragen beziehen sich auf Dinge, die Sie selbst – und auch Ihr Partner – schon einmal gesehen haben.

Dann stellen Sie ihm Fragen zu solchen Zusammenhängen, die er noch nicht gespeichert hat und die er konstruieren muss:

- *Wie würden Sie aussehen, wenn Sie sich mit meinen Augen sehen könnten?*
- *Wie würden Sie mit lila gefärbtem Haar aussehen?*

Dann stellen Sie auditive Fragen:

- *Welches Musikstück hören Sie am liebsten?*
- *Welche Tür in Ihrem Haus macht am meisten Lärm, wenn sie zugeschlagen wird?*
- *Können Sie sich vorstellen, wie ein bestimmter Mensch, dem Sie sich sehr nahe fühlen, Ihren Namen ausspricht – in einer besonders angenehmen Weise?*
- *Können Sie sich selbst «Hänschen klein» singen hören?*

Dann stellen Sie eine Reihe von kinästhetischen Fragen:

- *Wie fühlen Sie sich frühmorgens?*
- *Wie fühlt sich Katzenfell an?*

Zu beachten ist hierbei, dass einleitende Ausdrücke wie «ich denke», «ich bin mir bewusst», «ich glaube» oder «ich weiß» alle auf eine unspezifische Aussage hindeuten. Benutzen Sie daher solche Formeln möglichst nicht, denn sonst werden die Augenbewegungen möglicherweise verfälscht. Stellen Sie immer klare Fragen, wie oben beschrieben: Wie fühlt sich das an? Wie würde das aussehen?

Sollten Sie die Augenbewegungen Ihres Partners partout nicht einordnen können, dann fragen Sie ihn einfach, was in seinem Inneren vorgegangen ist. Achten Sie genau auf die Art der Information, die Sie erfragen, und auf die darauf einsetzenden Augenbewegungen. Fragen Sie konkret nach, wenn Sie etwas nicht verstehen oder deuten können. Nur so werden Sie die notwendige Sensibilität entwickeln. Wenn Sie alles genau beobachten, haben Sie hiermit schon mal eine verlässliche Informationsquelle über die Denkprozesse, die bei Ihrem Gegenüber ablaufen!

Eine gelungene Anwendungsmöglichkeit für Ihr neues Wissen liefert uns der New Yorker Zauberer Steve Cohen. Mit seiner Methode können Sie die Gedanken eines Menschen erlesen, indem Sie unbemerkt seine Augen beobachten! Wählen Sie zu Anfang eine Testperson aus, deren Augenbewegungen Sie gut zuordnen können. Mit der Zeit und mit mehr Erfahrung wird es immer leichter für Sie werden, das Prinzip richtig anzuwenden.

Experiment: Von den Augen ablesen

Setzen Sie sich einer Person gegenüber und sagen Sie Folgendes:

- *Stellen Sie sich vor, Sie gehen im Wald spazieren. Sie sehen einen wunderschönen Vogel. Stellen Sie sich diesen auf einem Ast so genau, wie Sie können, vor: seine Federn, seine Größe und seine Schnabelform.*
- *Jetzt stellen Sie sich bitte vor, dass Sie in einem Parkhaus stehen. Plötzlich schrillt die Alarmanlage eines Autos. Stellen Sie sich das Geräusch der Alarmanlage genau vor.*
- *Als Letztes sollten Sie sich ins Gedächtnis rufen, wie es ist, ein Stück Pizza mit den Fingern zu essen. Stellen Sie sich vor, Sie hätten daraufhin ölige Finger, die Sie gerade an einer Serviette abwischen.*

> *Sie haben sich jetzt drei verschiedene Szenarien vorgestellt: den Vogel im Wald, die Alarmanlage und die fettige Pizza – bitte suchen Sie sich eines dieser Ereignisse aus und denken Sie intensiv daran. Gehen Sie dieses Ereignis in Ihren Gedanken nochmal Schritt für Schritt durch.*
>
> *Beobachten Sie nun ganz genau die Augen Ihres Versuchspartners. Gehen diese nach oben, dann denkt er an den Vogel, bewegen sie sich zur Seite, dann ist der Alarm dafür verantwortlich. Wenn Ihr Gegenüber an die Pizza denkt, dann gehen seine Augen nach unten. Sagen Sie jetzt Ihrer Testperson auf den Kopf zu, an was sie denkt. Da sie nicht weiß, dass sie ihre Augen verräterisch bewegt, wird sie keine Erklärung dafür haben, woher Sie die Antwort kennen, und verblüfft sein.*

Wenn man sich mit nonverbaler Kommunikation befasst, kommt man an dem Pantomimen Samy Molcho und seinen Beobachtungen über den Körper und dessen Ausdruck nicht vorbei. Sein Buch «Körpersprache» war eines der ersten Werke, das ich zu diesem Thema gelesen habe. Es ist bis heute eines meiner Lieblingsbücher. Von den folgenden Erkenntnissen habe ich durch ihn zum ersten Mal gehört.

WAS DIE PUPILLEN VERRATEN

Beginnen wir mit seinen Beobachtungen der Pupillen. Zunächst reagieren diese auf Lichtverhältnisse: Wird es heller, so werden sie kleiner – wird es dunkler, so werden unsere Pupillen größer, damit wir mehr sehen können. Die Größe verändert sich aber auch regelmäßig bei gleich bleibendem Lichteinfluss.

Grundsätzlich gilt: Wenn wir etwas sehen, das uns interessiert, das wir begehren oder das wir sehr angenehm finden, dann werden unsere Pupillen trotz gleich bleibender Lichtsituation größer. Wenn Sie also mit einem Menschen flirten, und seine Pupillen werden dabei größer, dann können Sie weitermachen ... Aber es wird noch besser: Wir brauchen nur an etwas sehr Angenehmes zu denken, damit sich unsere Pupillen weiten. Die gleiche Reaktion erfolgt, wenn wir uns in eine Aufgabe vertiefen und alles andere ausblenden.

Auch wenn wir uns dessen nicht bewusst sind, so haben wir doch unbewusst gespeichert, dass große Pupillen mit positiven Gefühlen zu verbinden sind. Aus diesem Grund wirken Menschen mit diesem Merkmal grundsätzlich anziehender und attraktiver auf uns als andere. Um für diese Verknüpfung gesicherte Erkenntnisse zu erlangen, wurden zahlreiche Versuche durchgeführt. Unter anderem hat man Männern mehrere Fotos mit denselben Frauen darauf gezeigt. Bei einem dieser Bilder wurden die Pupillen jedoch künstlich vergrößert. Die große Mehrzahl der Männer fand die Person auf ebendiesem Bild eindeutig am attraktivsten. Übrigens: Bei Fotoshootings wird deshalb auch meistens sehr helles Licht verwendet, damit sich die Pupillen der Models verengen. Später werden für die Coveraufnahmen der Modemagazine die Pupillen fototechnisch erweitert, um die Models auf diese Weise attraktiver zu machen und die Verkaufszahlen der Auflage zu erhöhen. Noch ein Tipp: Die Pupillen von Menschen mit dunklen Augen sind aufgrund der schwachen Kontraste sehr viel schwieriger zu beobachten. Hier müssen Sie besonders genau hinschauen.

Umgekehrt heißt das: Wenn wir etwas nicht mögen, dann verengen sich unsere Pupillen – wir machen im wahrsten Sinne des Wortes «zu». Sobald die Pupillen bei denselben Lichtverhältnissen also kleiner werden, wissen Sie, dass sich Ihr Gegenüber isolieren möchte und von etwas abgestoßen ist. Deshalb gilt auch hier: Sie brauchen den schlechten Gedanken nur zu denken, und Ihre Pupillen werden kleiner.

Viele Menschen befürchten intuitiv, dass Augen einiges über ihr Inneres verraten, und schützen sich davor. Die verräterischen Zeichen sind durch Sonnenbrillen etwa kaum zu erkennen. Haben Sie sich mal ein Pokerspiel im Fernsehen angeschaut? Einige der Spieler tragen dabei immer dunkle Brillen, um ihre Augen vor den Blicken anderer Mitspieler abzuschirmen. Sie wollen nicht, dass diese ihre Pupillen genau betrachten und so vielleicht sehen können, wie sie sich bei einem guten Blatt vergrößern bzw. bei einer schlechten Hand verengen.

Die meisten Menschen wissen aber nicht, dass die Augen so viel über unser Inneres verraten, wenn man ein guter Beobachter ist. Sie aber können lernen, worauf Sie achten müssen, denn wir können kaum etwas gegen diese Veränderungen im Auge tun, selbst wenn wir wollten. Die Pupillen entziehen sich weitgehend unserer Kontrolle und sind daher ein sehr guter Indikator für unser Seelenleben.

WAS UNS DIE ART UNSERES BLICKS SAGT

Wenn Sie mit jemandem streiten und ihm vielleicht sogar drohen: Wie betrachten Sie diese Person, wie fixieren Sie sie, und wohin geht Ihr Blick? Ganz sicher werden Sie bei einer Konfrontation Ihrem Gesprächspartner tief in die Augen sehen und ihn so nicht mehr loslassen! Ihre Nackenmuskulatur ist angespannt, Sie lassen ihn nicht aus den Augen. Ihr Blick ist im wahrsten Sinne des Worts durchdringend, denn Sie schauen dem anderen genau ins Schwarze seiner Augen. Ihr Blick ist ein ganz klares Signal an Ihr Gegenüber: «Ich hab dich im Visier, ich konfrontiere dich mit mir.» Ihr Blick bedeutet Warnung, ja Drohung. In der Regel wird ein solcher

Blick sofort auf die gleiche Weise erwidert. Die Person, die wir mit uns konfrontieren, schaut uns genau so an wie wir sie. Verlierer des Spielchens ist, wer zuerst wegschaut.

Viel hängt also von der Blickdauer ab, und es gibt Gesetze, die dem Aufeinandertreffen zweier Blicke gelten: Nehmen wir an, Sie gehen spazieren und Ihnen kommt auf Ihrer Seite des Bürgersteigs ein Fremder entgegen. Jetzt können Sie in der Regel folgendes Schema beobachten: Sie schauen sich kurz in die Augen – je nachdem, wo Sie sich befinden, grüßen Sie vielleicht kurz –, und dann gucken Sie wieder geradeaus. Dieser schnelle Blick ist von enormer Bedeutung, denn er sagt: Ich habe dich wahrgenommen und respektiere dich. Ist er aber zu lang, so wirkt er bedrohlich. Dasselbe Phänomen beschreibt Samy Molcho anhand unseres Verhaltens im Aufzug: Ein Mensch fährt allein im Lift. Dieser hält an, und eine zweite Person steigt ein. Sobald sich die Türen geschlossen haben, werden sich beide in der Regel kurz in die Augen schauen und ihre Blicke dann wieder anderen Dingen widmen – meistens etwas total Unsinnigem: Der eine liest die im Lift ausgehängte Speisekarte, obwohl er schon in einem anderen Restaurant verabredet ist. Der andere bewundert die Tasten, mit denen man die Etagen wählt, und hat beim Aussteigen schon vergessen, wie sie aussehen, oder er macht sonst etwas, was sich anbietet und so etwas wie Halt verspricht.

Fehlt der verbindende Blick bei einem Dialog, fühlt sich der andere schlecht behandelt, so als sei er Luft. Es ist also eindeutig unhöflich, jemanden bei einem Zusammentreffen nicht anzusehen. Stellen Sie sich vor, ein Ehepaar sitzt auf einer Parkbank, und eine hübsche Joggerin läuft vorbei. Beide beobachten die Läuferin. Jetzt stellt die Frau ihrem Mann eine Frage, und der antwortet zwar, schaut aber nach wie vor der Joggerin hinterher. Ganz sicher wäre die Frau gekränkt, denn sie wird nach den allgemeinen Konventionen nicht beachtet! Die Frau fühlt sich zu Recht unhöflich, ja schlecht behandelt.

Will uns jemand um jeden Preis von etwas überzeugen, hat aber keine sicheren Argumente, um seinen Standpunkt zu verdeutlichen, dann wird er meistens versuchen, uns mit seinem Blick zu fixieren, und seine Augen nicht mehr von uns lassen. Damit möchte er uns zwingen, dass wir uns nur auf ihn konzentrieren. In Wirklichkeit aber passiert das Gegenteil: Nach kurzer Zeit sind wir so sehr damit beschäftigt, dem Blick standzuhalten, dass wir nicht mehr auf den Inhalt des Gesagten achten können. Deshalb sollten Sie – wollen Sie fair sein – bei einer Diskussion Ihrem Gegenüber immer die Möglichkeit lassen, kurz wegzuschauen. Hierdurch unterbricht der Gesprächspartner den Informationsfluss in beide Richtungen. So geben Sie ihm die Chance, kurz seine Gedanken zu sortieren. Sobald er wieder aufnahmebereit ist, kehrt sein Blick zu uns zurück. Dann ist der Gesprächspartner bereit, die Kommunikation fortzusetzen.

Schwieriger wird es, wenn der Blickkontakt nicht nur für kürzere, sondern für längere Zeit unterbrochen wird. Es kann dann passieren, dass gar keine Kommunikation mehr stattfindet, weil es von unserer Seite aus betrachtet keinen Empfänger für unsere Worte gibt. Wir senden zwar noch Informationen aus, diese laufen allerdings ins Leere. Unser Gegenüber ist nur noch physisch anwesend und innerlich schon geflohen. Er kann den Raum vielleicht nicht körperlich verlassen, also verlässt er uns zumindest über den Blickkontakt. Das ist auch der Grund, warum wir «Schau mich gefälligst an!» schreien, wenn wir streiten und unser Gesprächspartner uns dabei nicht ansieht.

Aber nicht nur die Blickdauer, sondern auch die Blickrichtung spielt eine große Rolle. Der Blick nach oben muss hier nicht zwangsläufig bedeuten, dass unser Gegenüber sich an ein Bild erinnert. Er kann auch heißen, dass die Person imaginär eine höhere Instanz um Hilfe bittet, nach dem Motto: «O Herr, bitte hilf mir bei so viel Blödheit.» Kennen Sie noch die Situation, als Sie Schüler waren: Gut vorbereitet auf Ihre Prüfung hatten Sie noch am Tag zuvor die richtigen Antworten parat. Aber gerade dann, als es darauf ankam, fielen sie Ihnen nicht ein. In einem solchem Moment werden Sie höchstwahrscheinlich nach oben geschaut und dabei gedacht haben: «Das gibt es doch nicht. Ich kenne die richtige Antwort. Sie liegt mir auf der Zunge, aber ich komme nicht drauf, so ein Mist.»

Mir selbst ist etwas Ähnliches im mündlichen Abitur passiert. Leider war ich durch die Wahl meiner Leistungskurse – Französisch, Englisch und Erdkunde – gezwungen, eine mündliche Abiturprüfung in Mathematik abzulegen. Ausgerechnet! Die Prüfung wurde von zwei meiner Lehrer und dem Fremdprüfer einer anderen Schule durchgeführt. Mein damaliger Mathematiklehrer war ein sehr schlauer Mann und wollte nur unser Bestes. Aus diesem Grund hatte er einen Deal mit uns ausgehandelt. Er sagte: «Ich darf euch nicht fragen, in welchen Themenbereichen ihr gut seid, daher würde mich mal interessieren, was ihr nicht so gerne mögt.» Jeder wusste Bescheid, und keine Regeln waren verletzt worden. Meine Abneigung galt der Wahrscheinlichkeitsrechnung, und mein Lehrer schlug vor: «Ich stelle dir im Pflichtteil, den ich bestreite, eine einfache Frage aus der Wahrscheinlichkeitsrechnung. Der Fremdprüfer wird das Thema dann als behandelt betrachten und ganz sicher mit anderen Aspekten weitermachen, die dir besser liegen.» Das war unsere Strategie.

Am Tag der Prüfung lief der erste Teil nach Plan. Ich bekam vorab von der Aufsicht einen Umschlag mit einigen Aufgaben, für deren Lösung ich eine halbe Stunde Zeit hatte. Ich ging aufgeregt an meinen Platz und nahm mit zittrigen Händen das Blatt aus dem Umschlag. Schnell überflog ich die Aufgaben und war erleichtert – alles war machbar für mich, und auch die Aufgaben aus dem Bereich «Wahrscheinlichkeitsrechnung» waren so einfach gehalten, dass ich sie lösen konnte. Es ging um einfache Baumdiagramme, womit sich mein Wissen in Sachen Wahrscheinlichkeitsrechnung auch schon erschöpft hatte. Nach der Vorbereitungsphase wurde ich dann zur Kommission gerufen und musste dort die Lösungen gemäß meinen Notizen an der Tafel erklären.

Da stand ich also vor der Prüfungskommission und konnte mit Vollgas die richtigen Rechenwege an die Tafel schreiben. Alle waren beeindruckt – bis der Fremdprüfer an die Reihe kam. Er sagte freundlich: «Nun, wo Sie schon bei der Wahrscheinlichkeitsrechnung sind, nennen Sie mir doch bitte mal die Wahrscheinlichkeitsaxiome von Andrei Nikolajewitsch Kolmogorow.»

Verdammt! Meine Augen wurden größer, mein Mund öffnete sich, und ich schaute nach oben. Mein Mathelehrer schloss seine Augen, kniff die Lippen zusammen und räusperte sich. Nach einer kurzen Ewigkeit sagte ich: «Die habe ich mir nicht angesehen.» Mein Lehrer schaute auch nach oben ... natürlich.

WAS DIE GRÖSSE
DER AUGEN VERRÄT

Ich bin zugegebenermaßen recht stolz auf folgendes Experiment, das ich schon oft zeigen konnte: Ein Zuschauer hat die Aufgabe, an eine Person zu denken. Ich beschreibe ihm diese daraufhin und nenne am Schluss sogar deren Vornamen! Die Reaktion auf diesen Effekt ist bei fast allen Zuschauern gleich: Ihre Augen werden größer, und der Mund öffnet sich etwas.

Wenn sich bei einem Menschen die Augen vergrößern, dann bedeutet das immer: «Ich will mehr Informationen über das haben, was gerade geschehen ist oder was gerade gesagt wurde.» Diese Reaktion kann mehrere Gründe haben. Entweder hat die Person wie in unserem Beispiel etwas nicht verstanden und fragt sich still: «Wie kann das sein, das gibt es doch nicht?» Oder es ist so, dass die oder der Betreffende mehr über etwas wissen möchte, weil sie oder er vielleicht etwas gehört hat, das von Interesse ist und worüber man mehr in Erfahrung bringen will.

Diese Erkenntnisse lassen sich auch im Handel nutzen. Vergrößert ein Kunde in einem Verkaufsgespräch seine Augen, dann ist das ein ganz wichtiges Signal für den Verkäufer. Ein Profi wird es deutlich wahrnehmen, die richtigen Fragen stellen und passgenaue Schlüsse ziehen. Das gegenteilige Signal, das Zusammenziehen der Augen, bedeutet, dass die betreffende Person mehr Informationen haben möchte. In diesem Fall geht es meist darum, die bereits vorhandenen Informationen zu vertiefen. Die Person konzentriert sich stärker auf einen Punkt. Alles Störende soll ausgeblendet werden, und die Augen verengen sich, um den Blick zu fokussieren, wie das eine Lupe bei einem Sonnenstrahl erreicht. Meistens kündigen zusammengezogene Augen eine gezielte Frage an: «Diesen einen Punkt habe ich noch nicht genau verstanden, den hätte ich gern nochmal erklärt.» So oder ähnlich lautet die Bemerkung, die dann folgt. Es ist aber auch möglich, dass Ihr Gegenüber dabei einen inneren Monolog führt und sich die Antwort auf den unklaren Punkt selbst gibt. In diesem Fall ist es besser, ihn zu Ende überlegen zu lassen, denn er braucht offensichtlich Zeit und wird seine Augen wieder vergrößern, sobald er die Antwort gefunden hat – oder eine weiterführende Frage stellen.

WAS UNS GESCHLOSSENE AUGEN VERRATEN

Wenn Sie Ihre Augen schließen, dann «machen Sie zu», das heißt, Sie versuchen, sich abzuschotten. Sie wollen alle Reize von außen fernhalten. Sie senden nichts mehr und wollen keine Signale mehr empfangen. Für dieses Verhalten kommen mehrere Gründe in Frage. Vielleicht sind Sie müde und wollen sich kurz von den vielen Impulsen, die aus Ihrer Umwelt auf Sie einwirken, erholen. Sie möchten keine weiteren Informationen und müssen kurz abschalten. Es kann aber auch sein, dass Sie etwas nicht akzeptieren wollen, vielleicht hat eine Nachricht Sie erschüttert. Auch in diesem Fall schließen Sie die Augen und äußern damit nonverbal: «Ich will das jetzt nicht, Schluss damit.» Auch wenn jemand von Informationen überflutet wird, schließt er zur Abwehr die Augen. Für uns als Gesprächspartner bedeutet das, dass wir eine Pause machen sollten, um uns mit unseren Mitteilungen unserem Gegenüber nicht zu sehr aufzudrängen.

Diese Beobachtungen, bei denen ich in ihrer Analyse Samy Molcho in weiten Teilen gefolgt bin, kombiniere ich im Allgemeinen mit der Blickrichtungstheorie aus dem NLP. Das ist meine bewährte Methode. Auf diese Weise weiß ich bereits eine große Menge über die verborgenen Vorgänge im Inneren meines Gegenübers. Auch Sie verfügen jetzt schon über wichtige Instrumente aus der Werkzeugkiste der Entschlüsselung nonverbaler Signale. Mit diesem Wissen können Sie die Handlungen Ihres Gesprächspartners konstruktiv lenken. Behalten Sie aber Ihre Geheimnisse für sich, denn sie sind sehr wirkungsvoll und wertvoll. Wie ein Schatz.

Es kann Ihnen beispielsweise auf privater Ebene sehr hilfreich sein: Angenommen, Sie haben eine Verabredung mit jemandem, an dem Sie sehr interessiert sind. Halten Sie anfangs viel Blickkontakt und schauen Sie der betreffenden

Person tief in die Augen. Das gibt Ihrem Gegenüber ein gutes Gefühl. Achten Sie allerdings auf das richtige Maß, denn davon hängt viel ab. Im weiteren Verlauf des Abends schneiden Sie ein für Sie wichtiges Thema an. Dann wenden Sie Ihren Blick ab und schauen auf Ihre Hände oder Ihr Glas. Schauen Sie Ihrem Gesprächspartner jetzt auf keinen Fall mehr in die Augen!

In diesem Moment passiert Folgendes: Ihr Gegenüber spürt, dass etwas nicht stimmt, dass es seine Verbindung zu Ihnen verloren hat. Es wird versuchen, den Kontakt wiederherzustellen, und offener und ehrlich mit Ihnen reden. Sobald Ihr Partner das tut, stellen Sie den Blickkontakt wieder her und ermuntern ihn so, weiterzureden. Ich bin sicher, so können Sie Ihr Ziel leichter erreichen und ihn oder sie auf Ihre Seite bringen.

MUND: SPRECHEN OHNE WORTE

Fast alles, was wir zu uns nehmen, muss die Öffnung des Mundes passieren. Hier wird genau gefiltert, was gut für uns ist – und was nicht. Alles, was die Geschmacksnerven nicht akzeptieren, lehnen wir ab, spucken es aus oder schlucken es nur widerwillig herunter. Ob wir etwas freiwillig oder nur widerstrebend schlucken, spiegelt sich in unserem Gesicht, und vor allem im Bereich der Lippen, wider. Die Muskulatur um den Mund herum sollte deshalb in unseren Fokus gelangen. Durch den Mund kommt die Sprache zum Erklingen. Er nimmt eine zentrale Rolle bei der Kommunikation ein – bei der verbalen, aber auch bei der nonverbalen.

Der Mund reagiert bei der Aufnahme von Informationen fast genauso wie bei der Aufnahme von Nahrung. Wenn es ihm zu viel wird, zu viel Information eindringen will, mehr, als auf einen Schlag zu verarbeiten ist, dann öffnet er sich, um sich zu entlasten. Ebenso kann er sich öffnen, um mehr hineinzulassen. Wir öffnen den Mund auch, wenn wir staunen und wenn uns etwas überrascht. Jedes Mal also, wenn wir mehr Zeit brauchen, um etwas zu verarbeiten, zeigen wir das durch Mundöffnen. Das ist genauso wie bei den Augen: Sie werden größer, um mehr Information aufzunehmen. Unser Mund wird groß, rund und öffnet sich weit, weil wir mehr von etwas wollen. Das Signal ist die Einladung dazu an unser Gegenüber.

Als Jugendlicher habe ich mit großer Begeisterung Sendungen von und mit Alfred Biolek geschaut. An einen Auftritt von Samy Molcho in seiner Sendung kann ich mich noch sehr genau erinnern. Er zeigte Folgendes:

Das Kinnlade-Experiment

- *Bitte öffnen Sie Ihren Mund und lassen Sie Ihren Unterkiefer herabhängen. Bleiben Sie in dieser Position. Machen Sie jetzt große Augen. Bitte rechnen Sie: Wie viel ist $7 * 8 + 12$?*

- *Sie werden für die Lösung viel länger als sonst brauchen, wenn Sie mit geöffnetem Mund rechnen, und dabei unweigerlich das Bedürfnis haben, den Mund zur Lösung der Aufgabe zu schließen. Auf dieses Phänomen kommen wir später noch zu sprechen.*

Die Erkenntnis daraus könnte man wie folgt zusammenfassen: Unsere Gedanken haben nicht nur Auswirkungen auf unseren Körper – uns kippt die Kinnlade herunter –, sondern unsere Körperhaltung beeinflusst auch, wie wir denken: Unser Denken wird nämlich vom herabhängenden Unterkiefer blockiert. Wenn wir mit einem Menschen reden und er dabei diesen Gesichtsausdruck zeigt, ist er in diesem Moment nicht mehr weiter aufnahmefähig. Wir sollten eine Pause einlegen und warten, bis er das bisher Gesagte verdaut hat.

Wenn geöffnete Lippen ein Verlangen nach mehr Information zeigen, so gilt für zusammengepresste Lippen das genaue Gegenteil! Wir kneifen sie zusammen, wenn wir etwas nicht auf- oder annehmen möchten. So zeigen wir deutlich unsere Abneigung. Das funktioniert auch entgegengesetzt: Wir können uns nicht nur vor den Worten anderer abschotten, sondern uns ebenso zwingen, selbst nichts mehr zu äußern. Das deutet dann auf Ablehnung in reiner Form hin.

Weiterhin haben wir die Möglichkeit, uns auf die Lippen zu beißen. Wir können dabei entweder nur eine Lippe zwischen den Zähnen einklemmen oder aber beide Lippen nach innen ziehen und darauf beißen. In beiden Fällen wollen wir uns selbst am Sprechen hindern. Wir blockieren unsere Lippen lieber, bevor uns etwas herausrutscht, das wir nicht sagen wollen. Dies signalisiert: «Ich beherrsche mich bewusst und sage lieber nichts.» Man mag sie auch als Unsicherheit deuten, denn die betreffende Person ist sich vielleicht nicht sicher, ob sie etwas sagen soll oder vielleicht doch lieber nicht, und wählt vorläufig das Schweigen.

Auch das Lächeln eines Menschen kann vielfältig sein und lässt sich durch genaue Beobachtung deuten. Beim Lächeln ziehen wir unsere Lippen auf beiden Seiten nach oben – aber das ist nicht alles. Lächeln kann sehr vielfältig zu deuten sein. Denn Achtung: In der Regel dauert ein echtes Lächeln länger als ein falsches. Ebenso hören wir bei einem falschen Lächeln viel abrupter damit auf; ein echtes Lächeln verschwindet weit fließender. Das falsche Lächeln ist nur auf die Lippen beschränkt, wogegen bei einem herzhaften Lachen oder ehrlichen, freundlichen Lächeln die Augen mitlachen. Das erkennt man an den kleinen Falten neben den Augen. Beim echten Lachen sind die Augenbrauen leicht nach unten gezogen, und es erstreckt sich über beide Gesichtshälften, bei einem falschen Lächeln dagegen verzieht sich eine Gesichtshälfte mehr als die andere. Ein schiefes Lächeln ist daher meistens unaufrichtig. Das Lachen ist ein an sich einfacher Vorgang mit vielen Facetten, der Ihnen mit einiger Übung wichtige Hinweise liefern wird.

In den vergangenen Abschnitten haben wir die wichtigsten Signalgeber der Mimik näher betrachtet. Mit den Signalen, die vom Gesicht – und dabei hauptsächlich von Augen und Mund – ausgehen, können Sie mit einem Partner ein sehr verblüffendes Spiel spielen, in dem Sie alle Fäden in die Hand bekommen. Mir wurde es das erste Mal von meinem Freund und Coach Michael Rossié gezeigt. Es ist ein klassisches NLP-Spiel, und Sie finden es auch in der Literatur vielfach erwähnt. Ich bin mir sicher, Sie werden von den möglichen Ergebnissen überrascht sein.

Das Freund-oder-Feind-Experiment

- *Suchen Sie sich einen Spielpartner und setzen Sie sich ihm gegenüber. Bitten Sie ihn, sich zu entspannen und seine Gedanken zunächst auf nichts Spezielles zu richten. Wenn Ihr Partner Ihnen gegenüber ruhig und locker Platz genommen hat, fordern Sie ihn auf, an eine Person zu denken, die er nicht mag. Er soll Ihnen nicht sagen, wer diese Person ist. Er soll sich diese ihm unangenehme Person aber genau vorstellen: ihre Haarfarbe, Augen, Nase, Kleidung usw. Merken Sie sich den Gesichtsausdruck, den er in diesem Moment macht.*

- *Danach soll Ihr Partner an eine Person denken, die er sehr gern mag. Auch hier soll er sich Details wie Augenfarbe usw. genau vorstellen. Und Sie merken sich auch hier wieder den aktuellen Gesichtsausdruck.*
- *Bitten Sie jetzt Ihren Partner, an die Person mit beispielsweise den dunkleren Haaren zu denken. Beobachten Sie hierbei seine Mimik ganz genau: Was passiert mit den Pupillen: Werden sie größer, kleiner, oder bleiben sie gleich? Was passiert mit den Augen: Werden sie größer oder kleiner? Was passiert mit dem Mund: Lächelt Ihr Gegenüber ein bisschen, oder kneift der Partner die Lippen leicht zusammen?*
- *Sie werden in den meisten Fällen mit ein wenig Übung sicher erkennen können, an welche Person – die geliebte oder die ungeliebte – Ihr Mitspieler denkt und sie ihm zu seiner Überraschung nennen können!*

Eine weitere Technik aus dem NLP ist das Spiegeln. Hierbei sollten Sie stets dieselbe Körperhaltung einnehmen wie Ihr Gegenüber. Probieren Sie es aus!

Das Spiegel-Experiment

- *Passen Sie auf, dass Sie Ihren Gesprächspartner nicht nachäffen! Sobald Sie das tun und er es bemerkt, haben Sie keine Chance mehr, einen ausreichenden Kontakt zu dieser Person aufzubauen.*
- *Aus diesem Grund empfehlen einige Trainer, versetzt zu spiegeln. Hierbei nehmen Sie immer dann die Körperhaltung Ihres Gegenübers ein, sobald es seine Haltung ändert.*

> *Wenn jemand seine Arme verschränkt hatte und nun eine offenere Haltung einnimmt, dann beginnen Sie Ihrerseits, Ihre Arme zu verschränken, usw.*

Dieses Spiegel-Spiel kann Ihnen helfen herauszufinden, wie der andere gerade tickt, denn dadurch, dass Sie die Körperhaltung Ihres Gegenübers einnehmen, bekommen Sie ein Gefühl dafür, was gerade in ihm vorgeht. Sie erinnern sich: Unsere Körperhaltung hat Einfluss auf unsere Gedanken. Das spielt hier wieder eine Rolle und wird konsequent genutzt.

Dennoch ist gerade beim Spiegeln höchste Vorsicht angebracht, da besonders diese Methode vielen Leuten bekannt ist und sie natürlich darauf achten, ob jemand anders sie benutzt.

Das Münz-Experiment

Sie können anhand der Mimik noch viel mehr über Ihr Gegenüber herausfinden:

- *Legen Sie eine Zwei-Euro-Münze und daneben eine 20-Cent- sowie eine Zwei- und Ein-Cent-Münze vor sich auf den Tisch.*
- *Jetzt drehen Sie sich weg und bitten einen Mitspieler, in eine seiner beiden Hände die Zwei-Euro-Münze zu nehmen. In der anderen Hand soll er die restlichen Geldstücke festhalten. Dann soll er beide Hände schließen und vor sich ausstrecken. Sie drehen sich dann wieder um.*
- *Zeigen Sie auf seine linke Hand und bitten Sie Ihren Mitspieler, den Wert der Münze(n) in dieser Hand mit sieben*

*zu multiplizieren. Angenommen, er hat die Zwei-Euro-Münze in der Hand, dann soll er also 2 * 7 rechnen.*

- *Danach zeigen Sie auf seine rechte Hand und bitten ihn, den Wert der Münze(n) in der rechten Hand ebenfalls mit sieben zu multiplizieren. In unserem Beispiel wären das rechts 23 * 7.*

Das Geheimnis: Sie beobachten Ihr Gegenüber ganz genau beim Rechnen. Es wird bei der leichteren Aufgabe schneller fertig sein – und das können Sie sehen. In der Hand, in der Ihr Gegenüber weniger Schwierigkeiten beim Rechnen gezeigt hat, befindet sich die Zwei-Euro-Münze!

KOPF UND HALS: HALTUNG BEWAHREN

Kinder zu haben ist für mich die größte und schönste Herausforderung meines Lebens. Besonders beim ersten Kind war ich bereits während der Schwangerschaft meiner Frau sehr aufgeregt und habe Dinge getan, die ich noch ein Jahr zuvor nicht für möglich gehalten hätte: einen Wickelkurs absolviert, einen Geburtsvorbereitungskurs besucht und Vorträge über Schwangerschaft und Geburt gehört! Diese Vorträge waren großartig, und ich habe mich auf jeden einzelnen gefreut. Die Dozenten waren ausgewiesene Spezialisten, die umfassend aufklärten und auch über Kleinkinder und deren Wahrnehmung der Welt sprachen. Die Kurse wurden in einem wunderschönen Hörsaal im Klinikum der LMU Frauenklinik Maistraße in München abgehalten. Der Raum und seine Atmosphäre gefielen mir so gut, dass ich ihn für eine meiner Fernsehsendungen als Kulisse auswählte. Hier sollte ich später das aufsehenerregende Flatliner-Experiment zeigen, bei dem ich mein Herz anhielt. Mein Puls setzte also nur ein paar Meter neben dem Saal aus, in dem meine Kinder zur Welt kamen.

Doch zurück zu den Vorträgen. An einem der Abende machte ein Professor eine sehr interessante Probe mit uns. Er projizierte das Foto eines Säuglings auf die Leinwand und bat uns alle, dieses Bild einen Moment lang genau zu betrachten. Nach einer Weile machte er uns darauf aufmerksam, dass wir alle unseren Kopf zur Seite geneigt hatten, nachdem wir das Baby für längere Zeit angeschaut hätten. Allein die Abbildung eines wehrlosen Säuglings hatte in uns also einen Reflex ausgelöst, und wir begannen unbewusst sofort, nonverbal mit dem Kind zu kommunizieren: «Von mir geht keine Gefahr aus!» Denn sobald wir den Kopf zur Seite neigen, zeigen wir dem Gegenüber eine sehr verwundbare Stelle unseres Körpers, die Halsschlagader. Sie ist für Tiere eine ganz empfindsame Stelle und Hauptziel bei der Attacke von Raubtieren. Normalerweise schützen auch wir solche verwundbaren Punkte. Wenn wir sie dagegen zur Schau stellen, sagen wir damit: «Vertrau mir, ich werde dir nicht gefährlich, ich vertraue dir ebenfalls und zeige dir meine Verwundbarkeit.» Auf Werbeplakaten sind daher oft Menschen mit geneigtem Kopf zu sehen, damit wird beabsichtigt, dass wir uns unserem Gegenüber öffnen.

Es ist eine beschwichtigende Geste, die oft auch von unterwürfigen, schwachen Menschen ausgeführt wird – ähnlich wie Tiere, die sich als eindeutiges Signal ihrer Unterlegenheit auf den Rücken legen und dem Gewinner so ihre verwundbaren Stellen darbieten. Wenn also in einem Gespräch jemand den Kopf plötzlich wieder gerade hält, dann ist diese Person bestimmt mit etwas nicht einverstanden oder zeigt sich irritiert. Dieses Zeichen wird meistens zusätzlich durch eine Veränderung der Blickrichtung der Augen und der Form des Mundes unterstützt.

Wir können den Hals auch noch weiter entblößen, indem wir den Kopf in den Nacken werfen. Letzteres kann zweierlei bedeuten: Zum einen zeigen wir unseren Kehlkopf, um einem möglichen Gegner zu demonstrieren, dass wir keine Angst vor ihm haben. Ganz nach dem Motto: «Komm nur her, du wirst schon sehen, was du davon hast.» In dem Fall ist der Kopf ganz gerade und bewegt sich nach hinten. Das Kinn ist jetzt nach vorne geschoben. Ich beobachte diese Geste meist, kurz bevor meine Kinder aufeinander losgehen, weil sie gerade streiten. Begegnet uns jemand mit dieser Kopfhaltung, so wirkt sie auf uns arrogant und provokativ. Zum anderen kann das Präsentieren des Halses aber auch eine Aufforderung zum Flirten, zum Umwerben sein. Eine Frau zeigt auf diese Weise sinnlich ihren Hals. Dabei erfolgen die Bewegungen, die sie zu dieser Geste führen, meist langsam, und der Kopf wird am Ende fast immer ein wenig seitlich gedreht. Oft wird die Hand zusätzlich zum Hals geführt, um den Fokus noch stärker auf die verwundbare Stelle zu richten: «Schau her, ich vertraue dir voll und ganz. Ich zeige dir sogar eine verwundbare Stelle.» Solche Zeichen werden fast immer unbewusst gesendet und vom anderen aufgenommen, haben aber eine sehr starke Wirkung. In den seltensten Fällen wissen die Beteiligten dann, warum sie so oder so reagiert haben. Sie haben sich einfach in den Bann ziehen lassen.

Aber auch das Gegenteil ist möglich: Wenn ein Mensch seinen Kopf nach vorne und gleichzeitig nach unten bewegt, dann will er seinen Hals schützen. Diese Haltung bedeutet, dass er auf der Hut ist. Er ist entweder unsicher oder nimmt eine Verteidigungsposition ein. Sehr oft wird er seine Geste durch hochgezogene Schultern unterstützen, was man fast immer bei dem Ausspruch «Keine Ahnung!» beobachten kann. Sobald wir nicht mehr so unsicher sind oder glauben, uns nicht mehr verteidigen zu müssen, gehen Kopf und

Schultern in die ursprüngliche Position zurück. Laut Charles Darwin senken Menschen auch den Kopf, um weniger bedrohlich zu wirken. Natürlich: Sie wirken dadurch kleiner. Aus diesem Grund ziehen Menschen auch oft unbewusst ihren Kopf noch ein bisschen mehr ein, wenn sie sich einer Person nähern, die sie für wichtig erachten. Dabei handelt es sich um die gegenteilige Körperhaltung zum oben beschriebenen Kopf-nach-hinten-Werfen, bei dem zur Provokation der Kehlkopf bewusst entblößt wird.

Aber auch das Signal des Kopf-nach-vorne-Neigens kann je nach Situation als Instrument des Umwerbens eingesetzt werden. Wenn eine Frau ihr männliches Gegenüber mit gesenktem Kopf ansieht, dann wirken ihre Augen größer und sie selbst dabei körperlich kleiner. Diese Geste ist deshalb so überzeugend, weil sie in Männern sofort den Beschützerinstinkt anspricht. Die Frau zeigt sich zerbrechlich und wehrlos. Eine Studie des University Colleges London konnte so anhand umfassender Beobachtungen zeigen, dass Personen mit gesenktem Kopf und nach oben schauend auf den Betrachter sofort weiblicher wirken als Frauen, die eine andere Haltung annehmen.

Dann gibt es noch den Blick mit gesenktem Kopf, wobei die Augen starr auf das Gegenüber fokussiert sind. Dieser Blick zeigt den klaren Konfrontationswillen. Eine Haltung, die besonders gern von Brillenträgern eingenommen wird. Der Blick über den Brillenrand hinweg ist unmissverständlich: «Ich glaube dir nicht, ich bin vollkommen anderer Meinung», bedeutet er.

Wie sich gezeigt hat, können alle hier beschriebenen Kopf- und Halspositionen in zwei Richtungen interpretiert werden, die nicht selten widersprüchlich sind. Dabei wird erneut das Dilemma deutlich, dass Körpersprache sich nicht eindeutig wie eine Gebrauchsanweisung benutzen lässt. Patentrückschlüsse sind nicht zulässig. Keine Geste für sich allein lässt Vermutungen über den Menschen als Ganzen zu. Der Zusammenhang ist entscheidend: Um alle Signale richtig zu entschlüsseln, müssen alle Details beobachtet und deren Zusammenspiel richtig gedeutet werden. Ihre Intuition ist gefragt.

SCHULTERN UND ARME: WAS POSITIONSWECHSEL AUSDRÜCKEN

Gewöhnlich hält ein Gesprächspartner seine Schultern parallel zu den Schultern des anderen. Sobald er diese Position wechselt und plötzlich eine Schulter nach vorne schiebt, will er damit eine Barriere aufbauen. Meistens ist die betreffende Person mit etwas nicht einverstanden und versucht sich auf diese Weise zu distanzieren. Auf dieses Signal hin haben Sie dann die Gelegenheit, auf die Sache einzugehen und den betreffenden Punkt nochmal aufzugreifen. Sofern Sie das wollen!

Mit einer Armgeste können wir uns entweder unserem Gegenüber öffnen, indem wir die Arme leicht nach vorne ausstrecken und dabei mit den Handflächen nach oben zeigen – oder wir können uns verschließen und eine Barriere aufbauen, indem wir die Arme – oder auch nur einen Arm – vor unserem Körper verschränken. Doch das Verschränken ist meiner Meinung nach die am meisten missverstandene Geste von allen! Fast jeder deutet sie als ein Zeichen, das dem Abblocken dient und ausdrückt, dass unser Gegenüber uns nicht richtig zuhören will.

Oft ist aber das genaue Gegenteil der Fall! Stellen wir uns zwei Menschen vor, die auf einer Party miteinander reden. Plötzlich verschränkt einer der beiden seine Arme vor dem Körper. Diese Geste ist fast immer ein Signal an alle anderen Anwesenden, die Unterhaltung nicht zu stören und die betreffende Person nicht anzusprechen: «Bitte sprecht mich jetzt nicht an; was mein Gegenüber sagt, ist zu interessant, um unterbrochen zu werden.» Das Signal ist also dasselbe, die Botschaft aber ist verschieden und geht an einen anderen Adressaten!

Weiterhin können wir bei Ablehnung die Hände in die Hüfte stemmen. Diese Geste kann ebenfalls mit einem oder mit beiden Armen erfolgen, und zwar mit demselben Effekt. Durch diese Bewegung machen wir uns größer. Unsere Ellenbogen zeigen nach außen. Eine Geste, die Dominanz ausdrücken soll: «Ich bin größer, als du denkst, und ich kann meine Ellenbogen einsetzen!» Diese Haltung kann aus Unsicherheit oder Angst eingesetzt werden, sie kann aber auch die Entschlossenheit unterstreichen.

HÄNDE: DIE WELT ERGREIFEN

Wenn Sie jemanden bitten, eine Wendeltreppe zu erklären, dann werden seine Worte garantiert von einer Bewegung der Hände unterstützt, indem er während des Sprechens die Spirale mit dem Zeigefinger beschreibt.

Es fällt uns im Allgemeinen sehr schwer, ohne den Einsatz der Hände zu kommunizieren. Mit ihnen begreifen wir die Welt um uns herum, im ganz wörtlichen Sinn. Samy Molcho erklärt anschaulich, dass alleine der Steuerbereich für Daumen und Zeigefinger zehnmal mehr Platz auf unserer Hirnrinde beansprucht als unsere Füße oder der Kopf! Das kann ich mir gut vorstellen. Gestern zum Beispiel fuhr ich mit dem Auto zu einem Vortrag und stand wie so oft schon im Stau. Im Rückspiegel sah ich einen Mann, der in seinem Wagen telefonierte. Er redete offensichtlich aufgeregt und schnell – wahrscheinlich auch recht laut. Dabei zeigte er ständig auf sich selbst, baute dazwischen mit seiner Hand eine unsichtbare Treppe in die Luft und wischte sie danach mit derselben Hand wieder weg. Ohne auch nur ein Wort gehört zu haben, konnte ich allein durch die Beobachtung seiner Hände erfahren, dass dieser Mann (er zeigte ja verschiedentlich auf sich selbst) schrittweise etwas unternommen hatte (er baute die verschiedenen Stufen imaginär vor sich auf), was jetzt entweder von oben als nichtig erklärt worden war oder was er selbst von jetzt an nicht mehr weiterführen wollte.

Ab sofort sollte es für Sie ein nützlicher und unterhaltsamer Zeitvertreib sein, im Stau die Insassen anderer Autos zu beobachten. Sie haben dann sowieso Zeit, also können Sie Ihre Talente und Ihr Wissen ein bisschen trainieren. Beim Kommunizieren kontrollieren viele Menschen ihre eigene Mimik, sobald sie sich bewusst geworden sind, welche Möglichkeiten darin stecken. Der Gesichtsausdruck ist ein idealer Komplementär zu den Inhalten, die wir beim anderen anbringen wollen. Dabei vergessen wir aber meistens, auf die begleitenden Gesten achtzugeben, obwohl ein Blick auf Hände und Beine uns oft mehr als der Blick ins Gesicht unseres Gegenübers mitteilen kann. Hier entwischt unseren Mitmenschen häufig ungewollt eine flüchtige, aber verräterische Geste, die es zu beachten gilt. Es kann zum Beispiel sein, dass in einem Meeting ein Teilnehmer in den Raum hinein sagt, man müsse etwas Bestimmtes tun oder unterlassen, und dabei schon unbewusst mit Händen oder Füßen auf die Person deutet, die er mit dieser Aufgabe betreuen möchte. Genauso kann es vorkommen, dass jemand bei einem Gespräch unbewusst auf sich selbst deutet und dadurch zeigt, dass er aktiv werden möchte oder sich für etwas verantwortlich fühlt.

Es existieren zwei Arten von Handbewegungen: die offene und die geschlossene Geste. Bei der offenen wird dem

Gegenüber die Handfläche gezeigt. Das ist ein Zeichen für seine Geradlinigkeit, es wird nichts verborgen bleiben. Es ist weiterhin eine freundliche, einladende Geste, die Vertrauen schafft. Man gibt und nimmt mit der offenen Hand. Sie symbolisiert: «Ich bin zum fairen Austausch bereit.»

Bei der nach innen gedrehten Hand bleibt die Handfläche verborgen. Unser Gesprächspartner sieht dann nur unseren Handrücken. Mit dieser Geste will man etwas zurückhalten. Dies mag aus Angst oder Unsicherheit geschehen oder weil ein Aspekt verborgen werden soll. In jedem Fall wird eine Distanz zu unserem Gegenüber aufgebaut. Dasselbe gilt, wenn die Hände flach auf dem Tisch liegen, auf der Sessellehne ruhen oder sogar unter dem Tisch versteckt werden.

Machen wir eine Aufwärtsbewegung mit nach oben gerichteten Handflächen, dann greifen wir unserem Gegenüber symbolisch unter die Arme. Ebenso ist es die typische Geste für: «Stehen Sie bitte auf.» Bewegen wir die Hände mit nach oben gerichteten Handflächen nach unten, ist das ein einladender Wink, meistens unterstreicht er die Aufforderung: «Bitte nehmen Sie Platz.»

Ganz anders würde dieselbe Formel aussehen, wenn sie durch eine Abwärtsbewegung der Hand begleitet würde, deren Handrücken nach oben zeigt. Aus einem freundlichen «Nehmen Sie Platz» würde subtil der Befehl: «Setz dich jetzt hierher.» Das Senken der Hand, wobei der Handrücken nach oben zeigt, gilt immer als eine Dominanzbewegung. Sie will den anderen symbolisch nach unten drücken und klein machen. Denken Sie an die Reden von Politikern, die dem Publikum mit dieser Bewegung signalisieren wollen: «Leise!» Das ist nicht nur kein bescheidenes Zeichen, um für Ruhe zu sorgen, sondern bereits eindeutig Dominanzverhalten.

Ein weiteres Beispiel: Bei der Begrüßung klopft Ihnen Ihr Gegenüber mit seiner linken Hand von oben auf die Schulter. Es zeigt damit: «Ich bin der Stärkere.» Kein Arbeiter würde seinen Chef so begrüßen, umgekehrt aber kann der Chef die Bewegung ausführen, ohne dass es jemandem negativ auffällt. Der Status einer Person bestimmt die Regeln des Umgangs. Eine kleine Änderung in der Ausführung kann die Geste aber von einer dominanten zu einer freundschaftlichen machen. Dann nämlich, wenn jemand nicht mehr von oben nach unten auf die Schulter eines anderen klopft, sondern wenn er dies mit der offenen Hand seitlich gegen den Oberarm tut. Auch wenn es sich scheinbar um dieselbe Geste handelt, hat sie doch eine völlig andere Wirkung. Zwar werden solche kleinen Abweichungen meist nicht bewusst wahrgenommen, unser Unterbewusstsein aber registriert sie sofort.

Eine dieser meist unbewusst eingesetzten Gesten ist das Trommeln mit den Fingern. Führt Ihr Gesprächspartner diese Bewegung während einer Diskussion auf der Tischplatte oder seiner Stuhllehne aus, ist das ein guter Indikator dafür, dass er das Gespräch bald beenden möchte. Das kann viele Gründe haben: Stress, Frust, den Wunsch oder die Pflicht zu gehen. Er wird Ihren Argumenten in dem Moment sicher nicht mehr seine volle Aufmerksamkeit schenken. Darauf können Sie reagieren.

Es gibt so viele Gesten, dass ich an dieser Stelle nur einige wenige vorstellen kann. Die wichtigsten sollten Ihnen auf jeden Fall deutlich vor Augen sein. Wenn jemand etwa einen Gegenstand fest ergreift oder bei einem Vortrag mit seinen Händen fest das Rednerpult umklammert, ist das oft ein Zeichen für Unsicherheit und Angst oder den Wunsch, Halt zu finden. Es bedeutet, dass sich die betreffende Person rückversichern möchte. Das gilt natürlich nicht für Momente, in denen der Betreffende keine Möglichkeit hat, etwas abzulegen, und den Gegenstand deshalb in seiner Hand hält. Auf einer Stehparty kann es natürlich auch sein, dass jemand einfach nur deshalb mit seinem halbvollen Glas herumgeht, weil er es noch leer trinken will. Wie immer: Vor Fehlinterpretationen ist Vorsicht geboten.

Weit verbreitet ist auch die Krallenhand, die zur Verstärkung der Argumentation geformt wird. Hier drängt sich eine Parallele zum Tierreich auf, wo diese Geste immer ein Droh- oder Angriffszeichen bedeutet.

Ähnlich verhält es sich, wenn sich die Hand zur Faust ballt. Dies zeigt eine aggressive Wirkung. Die Wirkung wird auch dann nicht verfehlt, wenn unser Gegenüber sie nicht bewusst wahrnimmt. Unser ganzer Körper zeigt jetzt die veränderte Haltung. Das Unterbewusstsein wird diese deutliche Wendung sofort wahrnehmen und uns entsprechend reagieren lassen. Das ist ein Urinstinkt, auf den wir angewiesen sind. Ein Versagen wäre fatal. Es kann also passieren, dass wir auf eine Aussage aggressiv reagieren und eigentlich nicht wissen, warum, weil der Auslöser in einer kleinen, aber deutlichen Geste unseres Gegenübers liegt, die wir wahrgenommen haben, ohne uns dessen bewusst zu sein.

Wenn Sie die Handflächen so ausrichten, als wollten Sie etwas nach vorne von sich wegdrücken, heißt das, dass Sie mehr Distanz beanspruchen. Sie schieben das andere Argument – oder sogar die Person – sinnbildlich von sich weg. Statt der schieren Geste können Sie auch stellvertretend einen Gegenstand vor sich auf dem Tisch wegschieben: einen Stift, ein Glas, den Teller – was auch immer.

Sobald jemand beginnt, Dinge neu zu platzieren, ist das wahrscheinlich ein Signal dafür, dass er auch Ordnung in die gehörten Argumente bringen will. Eine andere Möglichkeit: Die betreffende Person weiß nicht, was sie sagen soll, und will sich im Dialog neu positionieren und dafür Zeit schinden.

Wenn jemand seine Hände in die Taschen steckt, ist es für ihn unmöglich, sie in dem Moment auch zu benutzen. Logisch, oder? Es ist also ein klares Signal dafür, dass man in diesem Augenblick nicht mit anpacken oder etwas verbergen will! Beides ist im konkreten und übertragenen Sinn denkbar. Vorsicht: Vielleicht hat der Betreffende aber auch einfach nur kalte Hände!

Noch ein kleiner Hinweis für Sie: Ist beim Hände-in-die-Tasche-Stecken der Daumen nach außen in die Tasche eingehakt, wie man es bei Jeansträgern manchmal sieht, dann ist das ein Hinweis auf Dominanzgebaren. Denn der Daumen ist der stärkste Finger, und er wird auf diese Weise in Szene gesetzt. Dasselbe gilt für in den Gürtel eingehängte Daumen. Betrachten Sie doch mal Paare, die Händchen halten: Der dominantere der Partner ist fast immer der, der den Daumen oben hält.

Auch die Hände hinter dem Rücken zu verschränken ist eine sehr ausgeprägte Dominanzgeste. Sie präsentiert den Oberkörper ungeschützt. Sie beweist, dass man sich seiner Sache sehr sicher ist – so sicher, dass man sogar die Hände auf den Rücken legt, obwohl man sich im Zweifelsfall nicht verteidigen könnte. Nur etwas für Leute mit starken Nerven also.

DAS SCHÜTTELN DER HÄNDE

Die Art, die Hände zu geben, liefert uns weitere wichtige Hinweise auf unsere innere Haltung. Ursprünglich diente der Brauch dazu zu zeigen, dass man keine Waffe verborgen hielt. Aus demselben Grund umarmt man sich auch. Das Ritual des Händeschüttelns beeindruckt die Menschen stärker, als wir gemeinhin denken. Vielleicht, weil wir sie schon als abgenutzte, wenig aussagekräftige Geste abtun. Peter Collett beschreibt in diesem Zusammenhang in seinem Buch «Ich sehe was, was du nicht sagst» ein in den USA von Allen Konopacki durchgeführtes Experiment: Dieser ließ in einer Telefonzelle absichtlich ein 25-Cent-Stück liegen und beobachtete die Menschen, die nach ihm die Telefonzelle benutzten. Alle steckten die Münze ein. Nachdem sie die Telefonzelle verlassen hatten, sprach sie ein Student an und fragte, ob sie vielleicht sein 25-Cent-Stück gesehen hätten. Mehr als die Hälfte log und sagte, sie hätten die Münze nicht gesehen. In der zweiten Phase des Experiments begrüßte der Student erst alle, die aus der Telefonzelle kamen, mit Handschlag und stellte danach dieselbe Frage. Jetzt logen nur noch 24 Prozent, also über die Hälfte weniger!

Das Händeschütteln hatte demnach ganz klar eine Wirkung gezeigt und eine Art gegenseitiger Verpflichtung hervorgerufen. Beide Konversationspartner machen dabei gleichzeitig dieselbe Geste und bringen sich damit auf Augenhöhe. Das können sie aber auf sehr verschiedene Art und Weise tun. Ein Händedruck kann schwach oder fest, lang oder kurz ausfallen. Oft laufen hierbei Prozesse ab, die Außenstehenden verborgen bleiben – und aus denen jede Menge Rückschlüsse zu ziehen sind.

Ein starker Händedruck lässt auf einen Kontrahenten schließen, der gern alles unter Kontrolle hat, dominant ist und Stärke zeigt. Studien haben gezeigt, dass ein fester Händedruck von Frauen auf Offenheit deutet – bei Männern dagegen nicht. Ein schwacher, kurzer Händedruck lässt möglicherweise auf Unsicherheit oder sogar Gleichgültigkeit schließen: «Ich muss dir zwar die Hand geben, aber du bist mir egal.» Die betreffende Person ist entweder mit ihren Gedanken woanders oder selbstgefällig bis narzisstisch. Ein langer Händedruck, wobei einer der beiden Partner die Hand nicht loslässt, zeigt dagegen, dass die betreffende Person den anderen nicht gehen lassen möchte, und belegt, dass sie die Handelnde ist. Es ist auch ein Zeichen von Dominanz, denn ein sehr kurzes Händeschütteln zeigt nichts als Unverbindlichkeit.

Sehr oft beobachtet man, dass einer der beiden Partner

sogar mit beiden Händen die Hand des anderen packt. Es kann auch sein, dass er den Arm oder seinen Ellenbogen ergreift. Diese Gesten sehen für Außenstehende freundschaftlich aus, sind aber erst einmal ein klares Signal für Dominanz und in zweiter Instanz erst ein Beleg für Verbindlichkeit. Der Ausführende übernimmt Kontrolle über das Ritual und will alles fest im Griff behalten.

Normalerweise halten wir die Hand beim Händeschütteln in einem 90-Grad-Winkel zum Boden. Die Hände beider Partner haben mitunter dieselbe Position, keine Hand liegt oben oder unten – alles spielt sich harmonisch ab. Bis einer seine Hand nach oben dreht und so mit dieser Geste ganz klar aussagt: «Ich übernehme die Führung!» Er befindet sich damit ganz klar im Vorteil und gewinnt im wahrsten Sinne des Worts die Oberhand! Die unten liegende Hand ist buchstäblich unterlegen. Ein weiteres Beispiel dafür, dass wir vieles nicht bewusst wahrnehmen, was aber trotzdem nachhaltig wirkt.

BEINE UND FÜSSE: DER WINK IN DIE RICHTIGE RICHTUNG

Wir alle denken, unsere Mimik würde am meisten über unser Inneres aussagen. Vielleicht achten wir genau deshalb so stark darauf, bei uns selbst die Kontrolle darüber zu behalten. In den meisten Fällen funktioniert das recht gut, und genau diese Tatsache ist der Grund dafür, dass die Mimik allein nicht immer zuverlässig ist, etwas über unser Gegenüber auszusagen. Wir denken seltener an unsere Körperhaltung ... Als Faustregel gilt deshalb: Je weiter wir uns vom Kopf entfernen, desto zuverlässiger fällt der Hinweis aus, den uns dieser Körperteil gibt. So beispielsweise die Füße. Sie zeigen, in welche Richtung ein Mensch denkt. Will man wissen, ob jemand einem Gespräch offen oder ablehnend gegenübersteht, so sollten wir am besten einen Blick auf seine Beine und Füße werfen. Gesten, die man mit den Händen nicht ausführen will, weil man damit ein zu eindeutiges Statement abgäbe, können vom Ausführenden durch die Beine vollzogen werden. Es kommt also vor, dass ein Mensch gern mit den Fingern auf dem Tisch trommeln würde – als klares Zeichen dafür, dass er mit etwas nicht einverstanden ist und das Gespräch lieber beenden würde – und dieses Signal auf die Füße verlegt und damit wippt. Nach dem Motto: «Ich kann nicht weglaufen, aber ich kann durch Wippen eine ähnliche Bewegung andeuten und bewahre die Form.»

Ein anderer Aspekt: Wenn Ihnen eine Person gegenübersitzt, verschränkt sie statt der Arme vielleicht die Beine? Oder öffnet sie plötzlich die Körperhaltung, indem sie ihre Beine parallel hält? Analog zu den Armen können sich alle Gesten nach unten zu den Beinen verlagern. Wenn Ihnen eine Person gegenübersteht, dann zeigen ihre Fußspitzen in Ihre Richtung, wenn Ihr Gesprächspartner voll bei Ihnen ist. Angenommen, Sie schneiden ein neues Thema an und plötzlich bewegt sich eine Fußspitze – oder sogar beide – von Ihnen weg, dann können Sie davon ausgehen, dass die betreffende Person sich lieber in die angezeigte Richtung entfernen würde. Sie erinnern sich: Die Energie folgt der Aufmerksamkeit – wir müssen nur an eine Richtung denken, und unser Körper bewegt sich unbewusst in die gedachte Richtung. Sehr oft können Sie diesen Impuls an den Fußspitzen erkennen.

KÖRPER: DIE WIRKUNG DER INTUITIVEN SPRACHE

Eines ist sicher: All die genannten Regeln haben keinen Anspruch auf universelle Gültigkeit. Ohne Fingerspitzengefühl und die richtige Intuition im richtigen Moment können Sie auch schiefliegen. Aber wie erarbeitet man sich so was wie eine ausgeprägte Fähigkeit, von innen heraus richtig zu entscheiden? Im Laufe der langen Evolution haben wir uns sehr viel angeeignet – über Wissen und Verstand. Zahlreiche Forschungen haben sich mit dem Phänomen Intuition bereits beschäftigt, und die neuesten Ergebnisse zeigen: Wir können uns auf unser Bauchgefühl weitaus besser verlassen, als bisher angenommen, weil Denken ohne Gefühle nicht möglich ist und umgekehrt. Meines Erachtens ist das ideale Zusammenspiel beider Größen auch der Schlüssel, um die Körpersprache unseres Gegenübers zu deuten. Wie wir lernen können, unsere Intuition besser zu entwickeln, damit wir uns auf sie verlassen können, werde ich später noch detailliert beschreiben. An dieser Stelle soll erst einmal die Geschichte vom «Klugen Hans» den Zusammenhang zwischen Intuition und dem Entschlüsseln körpersprachlicher Energie erläutern und veranschaulichen.

Der kluge Hans war ein Pferd, das zu Beginn des 20. Jahrhunderts großes Interesse in der Öffentlichkeit erregte. Hans schien offensichtlich in der Lage zu sein zu zählen, zu rechnen, Bilder zu erkennen, die Uhrzeit zu lesen, und er hatte so etwas wie das absolute Gehör. Er war das Pferd des Schulmeisters und Mathematiklehrers Wilhelm von Osten, der ihn vier Jahre lang unterrichtet hatte: in den Fächern Rechnen, Lesen und Musik. Nach Beendigung seiner Ausbildung war Hans in der Lage, seinem Herrchen durch Nicken und Kopfschütteln sowie durch Klopfen mit den Hufen Fragen aus den genannten Bereichen zu beantworten. Bei öffentlichen Vorführungen zählte das Pferd so die Gäste und löste selbst schwierige Rechenaufgaben. Es erkannte Spielkarten wieder und nannte Noten, die auf einer Mundharmonika gespielt wurden. Sein Talent sorgte für Furore. Weltweit erschienen Presseberichte über das überdurchschnittlich intelligente Tier. Im Jahr 1904 wurde schließlich eine dreizehnköpfige Kommission aus Berlin eingesetzt, um zu überprüfen, worin das Geheimnis der Vorführungen lag. Es sollte ausgeschlossen werden, dass von Osten mit Tricks arbeitete. Die Kommission beobachtete die Vorführungen von Hans mit aller Akribie und kam nach eingehender Überprüfung zu dem Schluss, dass von Osten offenbar keine Tricks anwendete. Weder direkt noch indirekt konnte er seinem Pferd Zeichen gegeben haben, da war man sich sicher. Denn Hans löste die Aufgaben selbst dann, wenn sie von einer fremden Person gestellt wurden.

Eines der Kommissionsmitglieder hieß Oskar Pfungst. Ihm ließ die Sache mit dem sensationellen Pferd keine Ruhe. Auch nachdem ein Gutachten der Kommission unterzeichnet worden war, wodurch Hans zu einem zertifizierten Qualitätsprodukt wurde, forschte er weiter. Irgendwann bemerkte Pfungst, dass Hans seine Aufgaben nie lösen konnte, wenn derjenige, der sie ihm stellte, die Antwort nicht kannte. Dazu startete er folgenden Versuch: Die Lösungszahl wurde von einer zweiten Person auf eine Tafel geschrieben. Der Versuchsleiter stand hinter der Tafel und sah sie nicht. Die Person, die die Zahl notierte, entfernte sich danach sofort aus dem Blickfeld des Pferdes. In dem Moment zeigte Pfungst dem Pferd die Tafel, und nur in 50 Prozent der Fälle kannte Pfungst selbst die Lösungszahl. Immer wenn der Versuchsleiter die Antwort nicht kannte, war auch Hans nicht in der Lage, die Aufgabe zu lösen. Pfungst fand heraus, dass es dem Pferd nur dann möglich war, die Lösung zu finden, wenn die Körpersprache des Versuchsleiters ihm signalisierte, wann eine Aufgabe erfolgreich gelöst worden war.

Von Osten war entsetzt und wollte das Ergebnis nicht akzeptieren. Er behauptete nach wie vor, Hans könne die Aufgaben auch allein lösen, und verstarb verbittert einige Jahre später, weil man mit diesen Aussagen seine Glaubwürdigkeit zunichtegemacht hatte. Das Ende von Hans ist nur bruchstückhaft überliefert: Wahrscheinlich wurde er im Einsatz auf den Schlachtfeldern des Ersten Weltkriegs erschossen.

Und dennoch: Die Geschichte von Hans ist von beeindruckender wissenschaftlicher Bedeutung, da durch sie bewiesen wurde, dass allein durch die Erwartungshaltung des Versuchsleiters Ergebnisse von Versuchen entscheidend beeinflusst werden können. Ähnlich wie das Beispiel aus dem ersten Kapitel (vgl. Seite 24) zeigt, in dem Lehrer die Schüler anders bewerteten, nachdem ihnen gesagt worden war, welche Schüler besonders begabt seien oder eben nicht. Solche Erkenntnisse inspirierten zahlreiche Wissenschaftler zu ähnlichen Studien, um den «weichen» Faktoren neben den «harten» Fakten den richtigen Stellenwert zu verleihen. Denn jede Erkenntnis ist interessengeleitet, wie schon Immanuel Kant feststellte.

Ich führe die Geschichte hier aus zwei Gründen an. Erstens: Ich finde sie einfach überzeugend, weil in ihr viel Wahrheit steckt. Und zweitens: Selbst Hans, das Pferd, konnte etwas, von dem die meisten Menschen nicht wissen, dass sie es ebenso könnten, wenn sie nur wollten. Hans war in der Lage, die Körpersprache seiner Versuchsleiter zuverlässig zu deuten.

Er löste seine Aufgaben deshalb auch dann, wenn sein Besitzer nicht anwesend war und er Rechenaufgaben von fremden Leuten gestellt bekam. Solange nur eine Person in Hans' Blickfeld die Lösung kannte, war er sicher und kannte den Moment, wenn die Aufgabe gelöst worden war. Es wundert mich sehr, dass den Wissenschaftlern, die sich mit seinem Talent beschäftigten, nicht klar wurde, was für eine unfassbar große Leistung das Tier vollführte. Um Körpersprache lesen zu können, ist die richtige Intuition nötig. Wenn ein Pferd die Körpersprache von Menschen auf diese Weise dechiffrieren kann, dann sollte der Mensch das auch lernen können.

Ihre Intuition können Sie allerdings nur vervollkommnen, wenn Sie ständig üben. Beobachten Sie Menschen überall da, wo sich Ihnen Gelegenheit dazu bietet. Machen Sie das zu Ihrer Passion. Sobald Sie das nächste Mal irgendwo warten müssen – beim Arzt, in der Schlange vor dem Kino, an der Bushaltestelle, im Café –, fahren Sie Ihre Antennen aus. Für mich persönlich ist die Staten-Island-Fähre, die zwischen Manhattan und Staten Island verkehrt, ein Paradeort, um Leute zu beobachten. Hier versammeln sich Menschen aller Art wie in einem Labor. Solche Orte sind ideal.

Versuchen Sie sich während des Beobachtens in die Person hineinzuversetzen und ihre Gedanken zu denken. Können Sie ihre nächste Aktion vorhersagen? Wie würden Sie im nächsten Moment reagieren, wenn Sie an der Stelle der Person wären? Schlüpfen Sie regelrecht in ihre Rolle. Und denken Sie daran: Das Ganze ist nur ein Spiel, es geht erst mal um nichts. Wenn es nicht klappt und Sie falschliegen, was macht das aus. Sie wollen ja nur ein bisschen üben. Aber ich verspreche Ihnen, Sie werden öfter einen Treffer landen, als dass Sie sich irren. Sollte Ihr Opfer den Raum verlassen, suchen Sie sich ein anderes aus. Wenn Sie bei Fremden schon viele Treffer landen konnten, gehen Sie zu Menschen über, die Ihnen näher stehen, sowohl räumlich als auch im übertragenen Sinn. Damit haben Sie den Vorteil, dass Sie die Mimik genauer beobachten können und Ihnen möglicherweise mehr Zeit zur Verfügung steht. Können Sie die Augenbewegungen richtig zuordnen? Wie verändert sich der Mund? Gibt es verräterische Gesten oder vermeintliche Ticks, die in speziellen Momenten immer wieder zu erkennen sind? Wartezeiten waren noch nie so spannend!

DER KÖRPER FÜHRT DEN GEIST

Paul Ekman ist einer der Pioniere im Entschlüsseln und Katalogisieren menschlicher Gesichtsausdrücke und gilt weltweit als der Experte für die Mimik. Er sah es als seine Aufgabe an zu prüfen, ob die Mimik eigenen Regeln folge und ob man Gesichtsausdrücke wie Vokabeln verstehen könne. Viele Wissenschaftler vor ihm nahmen an, dass im Kindesalter Gesichtsausdrücke imitiert, sprich von den Eltern abgeschaut würden. Aus diesem Grund seien sie als kulturspezifisch zu erachten. Ekman reiste um die ganze Welt, sogar zu den Eingeborenen im Urwald, um die Antwort auf diese Frage zu finden. Er zeigte den Menschen in allen möglichen Ländern Fotos und bat sie, den jeweiligen Gesichtsausdruck auf den Bildern – Ausdruck der Freude, Überraschung, Trauer, Angst, des Ekels oder Ärgers – zu interpretieren. Überall auf der Welt waren die Leute in der Lage, die Gesichtsausdrücke sofort richtig zu deuten und zuzuordnen.

Ekman arbeitete eng mit seinem Kollegen Wallace Friesen zusammen und erstellte nach siebenjähriger Forschungszeit einen riesigen Katalog von sogenannten Aktionseinheiten. Dieser beinhaltet Kombinationen von Muskelbewegungen, die unser Gesicht häufig zeigt, ist ganze 500 Seiten dick und mit «Facial Action Coding System» (FACS) überschrieben. Er dient bis heute Wissenschaftlern, die sich mit Mimik befassen, als Referenzwerk, und auch der Trickfilmheld «Shrek» oder die Figuren in «Toy Story» wurden mit Hilfe des FACS animiert. Nirgendwo sonst findet man eine solch zuverlässige Systematik.

Ekman und Friesen haben viel Zeit damit verbracht, menschlichen Gesichtszügen Emotionen zuzuordnen, also die Auswirkungen unserer Gedanken auf unsere Mimik festzuhalten. Eines Tages stellten sie sich die Frage, ob das Ganze auch umgekehrt funktioniert, ob also unsere Mimik sich darauf auswirken könne, wie wir uns fühlen. Die bahnbrechende Erkenntnis lautet: Ja! Unsere Gedanken sind keine Einbahnstraße – die Art und Weise, wie Sie Ihren Körper bewegen und halten, beeinflusst ebenso Ihre Gedanken und Gefühle wie die Gedanken die Körperhaltung.

Ein Beispiel dazu: Erinnern Sie sich an Samy Molchos Rechenexperiment mit herunterhängendem Kiefer? Die Position des Kiefers hatte die Rechenleistung negativ beeinflusst. Auf eine ähnliche Idee kam auch Ekman. Er und Friesen arbeiteten bei ihren Studien gerade an der Analyse von Gesichtsausdrücken wie Ärger und Leid. Tagelang saßen sie sich gegenüber und machten abwechselnd verärgerte und leidende Mienen. Nach einer Weile wurde ihnen klar, dass sie immer pessimistischer und übellauniger wurden und sich am Ende ihrer Arbeitstage stets schlecht fühlten. Warum? Das entsprach doch gar nicht ihrem Naturell. Sie hatten den Verdacht, dass das mit ihrer Mimik zusammenhängen könnte, die sie sich gegenseitig immerzu präsentierten.

Dieser Annahme gingen sie systematisch nach. Schließlich fanden sie heraus, dass ein Gesichtsausdruck tatsächlich signifikante Veränderungen im autonomen Nervensystem bewirkt. Es ist also nicht nur so, dass wir zuerst einen Gedanken oder eine Emotion haben, die sich dann auf unser Gesicht auswirkt. Umgekehrt funktioniert das genauso. Eine Emotion kann mit unserer Mimik erzeugt werden: Unsere Gesichtsmuskeln haben Einfluss auf unsere Gefühle! Die Beobachtungen der Wissenschaftler fielen eindeutig aus: «Wir fühlten uns schrecklich. Mit diesem Gesichtsausdruck erzeugten wir bei uns selbst Traurigkeit und seelisches Leid. Und wenn ich meine Augenbrauen senke, das obere Augenlid hebe, die Lider zusammenziehe und die Lippen zusammenpresse, dann erzeuge ich ein Gefühl des Ärgers. Mein Puls steigt um bis zu zwölf Schläge pro Minute, und meine Hände beginnen zu schwitzen. Wenn ich die Gesichtsmuskeln bewege, kann ich das übrige System nicht abschalten. Es ist äußerst unangenehm.«

In Mannheim wurde 1988 von Fritz Strack, einem Psychologen, ebenfalls eine Studie zu diesem Thema durchgeführt. Den Probanden wurden zwei Gruppen Cartoons gezeigt. Eine Gruppe wurde gebeten, während der Filme einen Bleistift zwischen den Zähnen festzuklemmen, wodurch ihre Mundwinkel wie beim Lachen nach oben gezogen wurden. Die andere Gruppe sollte den Bleistift zwischen den Lippen festklemmen, wodurch sie am Lachen gehindert wurden. Resultat: Die Gruppe mit dem Bleistift zwischen den Zähnen fand die Filme erheblich lustiger!

Das Muskelspannungs-Experiment

- *Setzen Sie sich ganz bequem auf Ihren Stuhl. Nehmen Sie sich nun Zeit, alle Muskeln zu entspannen, und sitzen Sie ganz locker und gelöst darauf.*
- *Wenn Sie so weit sind, dann wählen Sie bitte ein Erlebnis aus Ihrer Vergangenheit, das Sie richtig wütend werden lässt, und erinnern Sie sich ganz genau daran. In allen Einzelheiten.*
- *Stellen Sie sich dieses Erlebnis nochmals vor, und durchleben Sie es erneut in Ihren Gedanken. Bleiben Sie dabei aber völlig entspannt! Können Sie beiden Forderungen gleichzeitig nachkommen? Sie werden bemerken: Sobald Sie sich entspannen, ist es völlig unmöglich, zur selben Zeit wütend zu werden. Wut und Angst brauchen Muskelspannung, um zu entstehen. Das heißt, wenn Sie es schaffen, locker und entspannt zu bleiben, dann kommen Wut und Angst gar nicht erst auf. Dasselbe gilt für den Umkehrschluss.*

Extreme Gefühle sind menschlich. Jeder von uns gerät gelegentlich an seine Grenzen, und manchmal sind Wut und Angst wichtige Reaktionen, die herausmüssen. Dennoch sollten wir uns bewusst sein, dass wir jederzeit die Wahl haben, in dieser oder jener Weise zu reagieren. Bin ich angespannt und raste ich leicht aus, oder reagiere ich meist in einer Situation gemäß dem Grundsatz «Die Welt ist das, wofür ich sie halte» und blicke aus der Vogelperspektive auf mein Problem, um es sinnvoll lösen zu können?

Der Psychologe und Coach Jens Corssen beschreibt seine Gedanken in solchen Situationen sehr anschaulich und trifft den Nagel auf den Kopf, wenn er sich in schwierigen Momenten denkt: «Diese Situation ist mein Coach, und ich bin ihr Schüler. Danke, Coach, dass du mich jetzt auf eine Probe stellst – ich dachte schon, du traust mir nichts mehr zu.» Damit erzeugt er Distanz zu sich selbst. Bei Situationen, in denen er sich doch ärgert, wendet er die Zwinkermethode an, die wie folgt funktioniert: Angenommen, Sie werden wegen etwas wütend, dann lassen Sie ruhig mal ausreichend Dampf ab. Das hat zur Folge, dass Sie sich danach wieder entspannen, denn wie wir jetzt wissen, geht es ja genau darum. Dennoch sollten Sie diesen Prozess begrenzen und positiv beenden. Wenn Sie sich das nächste Mal über etwas aufregen, zwinkern Sie sich gleichzeitig selbst zu. Sie werden sehen, Ihr Körper übernimmt wieder die Führung und lässt die Muskeln locker, damit auch Sie Ihre Emotionen lockern und loslassen können.

Ich selbst bin das beste Beispiel dafür, dass solche Prozesse möglich sind: Vor einigen Jahren drehte ein Filmteam einen Beitrag über mich. Einen kompletten Tag liefen wir durch die Münchener Innenstadt und machten verschiedene Experimente mit Passanten. Zum Abschluss zeigte ich in einem Café ein Experiment, bei dem ich mit verbundenen Augen Gegenstände erkannte und vorher nie gesehene

Zeichnungen beschrieb und nachmalte. Als ich danach die Augenbinde abnahm, bemerkte ich zu meiner großen Überraschung eine zusätzliche, mir fremde Person am Tisch. Diese beschimpfte mich vor laufender Kamera aufs übelste und bezeichnete mich als Scharlatan und Betrüger. Es handelte sich hierbei um einen geplanten Coup des Produktionsteams – die hatten mich doch tatsächlich reinlegen wollen! Warum ich das erzähle? Nur weil ich Ihnen etwas zeigen will: Sie ziehen wie ich und das Publikum die richtigen Schlüsse. Stellen Sie sich einfach vor, Sie schalten den Fernseher ein und sehen zwei Menschen an einem Tisch sitzen. Einer davon ist locker, entspannt und selbstbewusst, und der andere sitzt da mit hochrotem Kopf und schimpft. Wer von den beiden ist Ihnen sympathischer? Mit diesem Gedanken im Kopf war ich sofort in der Lage, mich zu entspannen. Wie gesagt: Unser Körper hat Auswirkungen auf unsere Gedanken, und unsere Gedanken haben konkrete Effekte auf unseren Körper.

Mein Rat: Sind Sie bedrückt und wollen sich besser fühlen, dann nehmen Sie eine Körperhaltung an, die Ihnen das erlaubt. Eine einfache, aber wirkungsvolle Maßnahme. Halten Sie sich gerade, lächeln Sie sich selbst an und bleiben Sie entspannt.

Erinnern Sie sich an das Experiment mit der imaginären Zitrone (vgl. Seite 39) in Ihrer Hand? Auch ein Beleg dafür, auf was ich hier hinauswill. Beim Lesen über einen Biss in eine Zitrone hatte sich in Ihrem Mund immer mehr Speichel gebildet – und das allein durch die Kraft Ihrer Gedanken. Genau darum geht es übrigens auch bei allen Entspannungsübungen und bei der Meditation. Letztere ist eine erprobte Strategie, sich zu konzentrieren, seine Mitte zu finden und seine Aufmerksamkeit gezielt zu bündeln. Wenn jemand anderes das für uns übernimmt – wie ich es im Experiment mit der Zitrone getan habe –, dann spricht man von Suggestion oder auch Hypnose. Das sind zwei Seiten derselben Medaille.

Es handelt sich in beiden Fällen um Werkzeuge, mit deren Hilfe sich Kräfte zusammenfassen lassen, um die Macht systematisch zu nutzen, die von innen kommt. Und um vom Körperausdruck Rückschlüsse auf die Gedanken zu ziehen.

KAPITEL DREI
MIT UNSEREN GEDANKEN DIE WELT BESTIMMEN

«Alle Macht kommt von innen.» Nach Serge Kahili King, Doktor der Psychologie und Autor zahlreicher Bücher, bedeutet diese Aussage etwas Ungeheuerliches: Wir sind stets in der Lage, anderen Menschen und Ereignissen Macht zu verleihen oder sie ihnen kategorisch zu verwehren.

Jeder hat diese Macht, sie ist gleichmäßig verteilt. Ich als Mentalist konnte das schon auf vielfältige Weise zeigen. Wenn ich Sie allerdings wirklich packen und mitreißen will, geht das nur, wenn ich es schaffe, in Ihrem Kopf entsprechende Empfindungen zu erzeugen. Sobald ich bei Ihnen die gewünschten Gedanken auslöse, können meine Formeln wirken. Das kann sich dann auf Ihr Tun oder sogar auf Ihre körperlichen Funktionen auswirken. Aufgrund des erzeugten Bilds in Ihrem Kopf – der Biss in eine Zitrone etwa – reagiert Ihr Körper automatisch entsprechend. Vielleicht ergeben sich daraus noch ganz andere Möglichkeiten. Wir werden sehen.

DIE MACHT DER AUTOSUGGESTION

Gemäß der Definition des amerikanischen Hypnotiseurs Ormond McGill ist «eine Suggestion im Sinne der Hypnose die unterbewusste Ausführung einer Idee». Es geht also darum, eine Eingebung ohne Umwege ins Unterbewusstsein einer anderen Person gelangen zu lassen und sie zur Umsetzung zu bringen. Eine Suggestion ist immer eine Form der Beeinflussung. Je nach ihrer Stärke werden so die Gefühle und Entscheidungen mit mehr oder weniger Kraft in eine bestimmte Richtung gelenkt. Der Hypnotiseur kann Ziele in ein fremdes Unterbewusstsein einpflanzen oder sein eigenes Unterbewusstsein verändern, sprich umlenken. Man spricht daher auch von Auto- oder von Fremdsuggestion.

Eine Suggestion ist sehr mächtig. Ich habe mit Hilfe von suggestiver Kraft bereits Menschen dazu gebracht, auf der Bühne das Gleichgewicht zu verlieren, ihren Arm nicht mehr bewegen zu können oder auch ihren eigenen Namen zu vergessen. Sobald ein Suggestionsversuch vom Unterbewusstsein des Mediums akzeptiert wurde, wird er für diesen Menschen zur Realität! So ist es möglich, dass jemand ohne anderen erklärbaren Grund weißes Papier oder einen Kronkorken als Bargeld annimmt oder eben den eigenen Namen vergisst. Allerdings: Suggestionen funktionieren nur, wenn wir selbst sie – bewusst oder unbewusst – annehmen und an ihre Macht glauben. Dann erst entfalten sie ihre Macht in unserem Innern. Denn sobald wir von etwas fest überzeugt sind, ist unser Wille eingeschränkt und der Weg zur Einflussnahme frei. Unser Glaube siegt stets über unseren Willen. Bevor Sie jetzt, erbost über diese Aussage, kopfschüttelnd dieses Buch wegwerfen und diese Behauptung als lächerlichen Humbug abtun, stellen Sie sich bitte Folgendes vor:

Das Brett-Experiment

- *Sie legen ein ca. 20 Zentimeter breites und 5 Meter langes Brett vor sich auf den Boden und laufen darauf von einem Ende zum anderen. Damit sollten Sie keine Schwierigkeiten haben.*
- *Jetzt nehmen Sie genau dasselbe 20 Zentimeter breite und 5 Meter lange Brett und überbrücken damit eine tiefe Felsschlucht. Laufen Sie da ebenfalls so kinderleicht von einem Ende zum anderen? Worin besteht der Unterschied? Wieso verhalten wir uns jetzt vollkommen anders?*

Das Wissen über die Höhe des Abgrunds bringt Sie dazu, darüber nachzudenken, dass Sie von dem Brett herunterfallen könnten. Ein Aspekt, der keine Rolle spielt, solange es auf dem Boden liegt. Dieser Gedanke, dass Sie vom Brett fallen könnten, wird in Ihrem Kopf sofort bildhaft aufgebauscht. Das Bild wird immer bedrohlicher. Selbst wenn Sie jetzt noch über das Brett gehen wollten, das sich über einer hohen Schlucht befindet, wird Sie die Idee von der übergroßen Gefahr unter normalen Umständen davon abhalten. Der Glaube – oder auch ein starkes Bild – hat über Ihren Willen gesiegt. Jede Suggestion wirkt durch die Kraft der Bilder, die sie in Ihrem Kopf entstehen lässt. Je plastischer ein Bild vor Ihren Augen entsteht, desto stärker ist seine suggestive Kraft. Nehmen Sie nun folgendes Beispiel zur Erklärung:

Das Frische-Experiment

Bitte lesen Sie:
1. *Sie fühlen sich frisch.*
2. *Während Sie diese Zeilen lesen, atmen Sie gleichmäßig und ruhig. Mit jedem Atemzug nehmen Sie bewusst neue Energie in sich auf. Sie fühlen sich sehr wohl. Die frische Energie breitet sich bei jedem weiteren Buchstaben angenehm in Ihrem Körper aus – vom Kopf bis in die Zehenspitzen.*

Warum wirkt der zweite Satz so viel stärker als der erste? Weil ich bei der Formulierung zwei Dinge berücksichtigt habe: Erstens habe ich Bilder entstehen lassen, und zweitens habe ich Sie dort abgeholt, wo Sie gerade sind, nämlich beim Lesen dieser Zeilen. Diese Während-folglich- bzw. Wenn-dann-Suggestion ist eine der stärksten Formen überhaupt. Sie funktioniert auch in vielen anderen Bereichen: Es regnet, folglich bin ich schlecht gelaunt. Wenn mein Partner sich so und so verhält, bringt mich das immer auf die Palme. Wenn ich im Auto hinten sitze, wird mir immer schlecht. Setzen Sie die Liste mit Ihren eigenen Verknüpfungen, die für Sie typisch sind, fort. Sie funktionieren natürlich auch in anderer Richtung:

- Wenn ich zum Arzt gehe, geht es mir schnell wieder besser.
- Wenn Ihr Kind weinend zu Ihnen gerannt kommt, weil es sich gestoßen hat, dann streichen Sie zart über seinen Kopf und sagen voller Zuversicht: «Wenn ich dir so über deinen Kopf streiche, dann wird alles wieder gut.»

Wir werden unentwegt von solchen Verknüpfungen gesteuert. Mehr oder weniger. Je nachdem, wie verkrampft wir sind und welches Bild entsteht, kann das so weit gehen, dass sie stärker wirken als unser Wille. Selbst wenn Sie nicht sabbern wollen – sobald Sie nur intensiv genug an den Biss in eine frische Zitrone denken, beginnen Sie unwillkürlich, Speichel zu produzieren. Ob Sie wollen oder nicht. Ein anderes überzeugendes Beispiel kommt aus dem Bereich der Sexualität. Bei Männern kommt es zu augenfälligen körperlichen Reaktionen, wenn sie entsprechend starke bildliche Vorstellungen in Gang gesetzt haben. Es kann also nicht egal sein, was wir denken. Wir können uns mit Gedanken vergiften und befördern. Die Kräfte, die hier frei werden, gehören eindeutig in den Bereich der Autosuggestion. Arbeiten müssen Sie dennoch für Ihr Ziel, aber es ist, als hätten Sie auf dem Weg dahin ständig Rückenwind, der Sie weiterträgt. Wenn unser Wille im Kampf gegen die Macht des Glaubens manches Mal den Kürzeren zieht, heißt das ganz klar, dass Sie zwar den Willen haben, Ihr Ziel zu erreichen, darüber hinaus aber auch noch daran glauben müssen, dass dies auch wirklich möglich ist.

Ich habe nach fünf Semestern an der Universität mein Vordiplom zum Übersetzer und Dolmetscher machen wollen. Zu diesem Examen gehören unter anderem vier schriftliche Übersetzungen: Ein Text ist ins Englische zu übertragen, ein anderer ins Französische und zwei weitere aus den Fremdsprachen ins Deutsche zurückzuführen. Zweisprachige Wörterbücher und Grammatiken sind zur Prüfung nicht zugelassen. Während des Semesters davor waren meine Übersetzungen recht ordentlich ausgefallen. Nicht herausragend, aber auch nicht schlecht. Nur die deutschen Texte, die ich ins Französische übertragen sollte, bereiteten mir Probleme. Irgendwo hakte es. Ich erreichte kein zufriedenstellendes Ergebnis. Bei der letzten Probeklausur vor der Prüfung leistete ich von allen Kandidaten die schlechteste Übersetzung, und das vier Wochen vor dem Tag X. Ich hatte aber sowohl den festen Willen, das Vordiplom zu bestehen, als auch den unerschütterlichen Glauben daran, dass ich dazu fähig wäre.

Ich ging also nach der schlechten Probeklausur zu meiner Professorin, einer sehr intelligenten und hilfsbereiten Französin, und besprach mich mit ihr. Sie sagte daraufhin spontan, dass es wohl bei meiner Prüfung sehr eng werden würde, dass Sie mir aber gern helfe, wenn ich es versuchen wolle. Ich war am Boden zerstört. Meine Frau kann sich noch heute genau an den Abend erinnern, an dem ich alles hinschmeißen wollte. Sie war es auch, die mich wieder aufbaute und mir klarmachte, dass die Prüfung selbst mit so kurzer Vorbereitungszeit zu schaffen sei, wenn ich nur bereit wäre, intensiv zu arbeiten.

Ich fuhr also auch während der Semesterferien zur Universität und brachte meiner Professorin regelmäßig zwei Übersetzungen pro Woche. Sie nahm meine Arbeiten mit, korrigierte sie zu Hause und schickte mir die überarbeiteten Fassungen mit ihren Kommentaren per Post zurück. Ich kann mich also über mangelnde persönliche Betreuung an meiner deutschen Universität nicht beklagen.

Überall in meiner Wohnung hingen motivierende Sprüche, überall lagen fremdsprachige Zeitungen und Zeitschriften herum, und immer und überall übersetzte ich neue Texte. An jedem Morgen absolvierte ich vor dem Lernen 45 Minuten lang meine Qi-Gong-Übungen. Bei diesem Meditationstraining malte ich mir motivierende Bilder aus, zum Beispiel, dass die Prüfung wie am Schnürchen laufen würde oder wie ich später zum Aushang mit den Ergebnissen gehen und dort lesen würde, dass ich bestanden hätte. In meinen Gedanken saß ich schon in der Prüfung und übersetzte. Den Rest des Tages verbrachte ich mit Pauken. Abends begab ich mich in die Küche, um mir zur Belohnung etwas Besonderes zuzubereiten.

Meine Probeübersetzungen wurden mit jedem Mal besser, und ich bestand das Vordiplom schließlich mit gutem Ergebnis. Hätte ich meine Prüfung einfach nur bestehen wollen, hätte das sicher nicht genügt. Hätte ich mir nur vorgestellt, die Prüfung zu bestehen, wäre ich ganz sicher auch gescheitert. Ich habe aber durch die Bilder, die ich in mir erzeugt habe, jeden Morgen meinen inneren Turbo eingeschaltet. Ich habe in mir keinen Zweifel am Gelingen der Prüfung aufkommen lassen. Ich ließ mir von keinem einreden, dass die Prüfung nicht zu schaffen sei. Das Wichtigste war: Ich hatte die Kraft, meine Kenntnisse so gut zu vervollkommnen, wie es in dieser kurzen Zeit nur möglich war. Positiv zu denken allein führt ins Nichts, wenn keine Handlung folgt. Die richtigen Bilder zu aktivieren und rechtzeitig am Ziel zu arbeiten hilft dagegen ungemein. Jede Idee hat sofort die Tendenz, sich zu realisieren und Taten folgen zu lassen. Starke Bilder können jeden Zweifel aus dem Weg räumen. Denken Sie erneut daran, dass jede Energie Ihrer Aufmerksamkeit folgt. Wenn Sie an Misserfolg denken, dann schalten Sie um und ziehen Energie aus dem Bild des Erfolgs. Ihre Autosuggestion verliert sonst an Wirkung, oder – noch schlimmer – sie legt den Misserfolg nahe. Ihre Gedanken dürfen auch nicht zwischen positiven und negativen Bildern wechseln, denn so werden Sie nicht weiterkommen.

Da die Welt das ist, wofür Sie sie halten, werden Sie für jeden Ihrer Gedanken und jedes Ihrer Bilder den entsprechenden Beweis finden. Denken Sie an das Beispiel mit den Putzfrauen, die allein aufgrund ihrer Annahme Gewicht verloren haben, und an die Schüler, die schlechter bewertet wurden, nachdem die Lehrer entsprechend gebrieft worden waren. Darin liegt die Macht der Suggestion. Da ausschließlich Sie für Ihre Gedanken verantwortlich sind, tragen Sie sämtliche

Macht in sich. Dabei dürfen Sie sich allerdings nicht gedanklich über Ihre Mitmenschen stellen, denn jeder verfügt über diese Macht. Sie ist gerecht verteilt. Gehörten Beeinflussungen nicht dazu, könnten wir abends ohne Werbeunterbrechung fernsehen, und im Radio würde vielleicht wieder mehr anspruchsvolle Musik laufen, nicht nur Klebmasse, die einen Werbeblock an den nächsten haftet. Die Bilder, die dort suggeriert werden, wirken direkt auf unser Inneres – ganz gezielt. Jedes Detail ist dabei von Bedeutung.

Hier zwei gute Beispiele für gelungene, überzeugende Bilder:

- In einer Studie ließ der in Austin, Minnesota, ansässige Dosenfleischhersteller Hormel die Überzeugungskraft seines Logos prüfen. Nur durch das simple Hinzufügen eines Petersilienzweigs waren die Testpersonen der Meinung, das Fleisch schmecke frischer als anderes.
- In einem Versuch hat der Getränkehersteller Seven Up getestet, ob sich die Farbe der Dose auf das Geschmackserlebnis auswirkt. Das Ergebnis: Ihre Farbe bestimmt die Note des Getränks. Als zum Grün der Dose 15 Prozent mehr Gelb beigemischt wurde, behaupteten die Testpersonen nahezu einstimmig, dass das Getränk zitroniger oder limoniger schmecke.

Das Bargh-Experiment

1. *für Wetter Beerdigung schön*
2. *seine Altersheim er Mutter im besuchte*
3. *auf er Bügelfalten achtet korrekte*
4. *dir keine mach Sorgen*

> 5. fährt langsam er immer
> 6. ich früher vergesslich war
> 7. und grau alt der ist Anzug
> 8. runzelig Apfel der war
> 9. Autor Laptop einsam vor der saß seinem
>
> *Nein, das sind keine Sätze von dem Yedi-Meister Yoda, sondern es ist eine Liste von Wörtern verschiedener Sätze, die ich gerade an meinem Laptop nach dem Zufallsprinzip zusammengestellt habe. Bitte bringen Sie die Wörter in eine sinnvolle Reihenfolge.*

Ob Sie es glauben oder nicht, nachdem Sie das getan haben, bewegen Sie sich langsamer als vor dem Lesen der Liste! Probieren Sie es einfach mal aus. Ich weiß, das ist fast nicht zu glauben, aber dieses Phänomen ist von einem intelligenten Psychologen namens John Bargh empirisch untersucht und bestätigt worden. Bei genauerem Hinsehen werden Sie bemerken, dass in der obigen Liste viele Wörter vorkommen, die wir automatisch mit dem Altern verbinden (grau, runzelig, vergesslich usw.). Diese bringen Ihr Unterbewusstsein dazu, sich mit den Themen «Vergänglichkeit» oder auch nur mit dem Problem von «Einschränkungen» zu befassen. Das hat zur Folge, dass Sie sich im nächsten Moment langsamer bewegen als noch eine Minute zuvor. Egal, was Sie gerade tun oder getan haben.

Bargh und seine Kollegen nannten diesen Effekt «Primen». Ich habe das erste Mal in Malcolm Gladwells Buch «Blink!» davon erfahren. Durch Sprache konnten in vielen Experimenten Menschen in ihren Reaktionen beeinflusst werden, ohne es zu bemerken. So beschreibt Gladwell einen Versuch, bei dem Bargh herausfinden wollte, ob Studenten durch Primen unbewusst geduldiger gestimmt werden könnten. Zwei Gruppen sollten dafür einen Worttest machen. Die eine bekam eine Liste mit Begriffen wie aggressiv, ungeduldig, unhöflich, störend usw., wogegen die andere Gruppe eine mit Begriffen wie höflich, zuvorkommend, freundlich und geduldig ausgehändigt bekam.

Auf keiner Liste standen so viele «Schlüsselwörter», dass der jeweilige Student die Logik hinter der Liste hätte durchschauen können. Für das Gelingen des Experiments ist es sehr wichtig, dass die Versuchsperson nicht bemerkt, dass sie geprimt wird. Nach dem Worttest sollte der jeweilige Student einen Fragebogen beim Versuchsleiter abgeben und sich neue Instruktionen holen. Bargh sorgte aber dafür, dass keiner von ihnen bis zum Versuchsleiter vordringen konnte. Dieser befand sich ausgerechnet immer dann im Gespräch mit jemand anderem. Das Ziel des Experiments war nun, herauszufinden, ob die Studenten, die mit den positiven Begriffen geprimt worden waren, höflicher reagierten und länger warteten als die andere Gruppe. Genau so war es dann auch.

Die Studenten, die mit den negativen Vokabeln geprimt worden waren, unterbrachen alle das Gespräch des Versuchsleiters, um sich Gehör zu verschaffen, meistens schon nach etwa fünf Minuten Wartezeit. Die anderen Studenten mit den höflichen Wörtern auf ihrer Liste störten das Gespräch des Versuchsleiters zu 82 Prozent – also in der überwiegenden Mehrheit – überhaupt nicht. Nach zehn Minuten wurde der Test automatisch abgebrochen. Wir wissen also nicht, wie lange diese Leute noch insgesamt gewartet und sich in Geduld geübt hätten.

Ein ähnlicher Versuch wurde an der Universität von Amsterdam von den holländischen Psychologen Ap Dijksterhuis und Ad van Knippenberg durchgeführt. Sie baten Studenten, knifflige Fragen, die sie dem Spiel «Trivial Pursuit» entnommen hatten, zu beantworten. Bevor sie aber die Fragen stellten, baten sie die eine Hälfte der Studenten, sich fünf Minuten lang vorzustellen, sie seien Professoren, und ihre Assoziationen zu dieser Funktion niederzuschreiben. Die andere Hälfte wurde gebeten, sich fünf Minuten lang in die Köpfe von Hooligans hineinzuversetzen, in ihre Rolle zu schlüpfen und auch ihre Assoziationen zu notieren.

Die Hooligan-Gruppe konnte die Fragen anschließend zu 42,6 Prozent richtig beantworten, die Professoren-Gruppe dagegen war überlegen und schaffte es zu 55,6 Prozent. Das ist ein gewaltiger Unterschied! Beide Gruppen waren gleich gut ausgebildet und hatten Fragen derselben Schwierigkeitsstufe vorgelegt bekommen. Durch Primen allerdings befanden sie sich in völlig verschiedenen Gemütszuständen. Die Identifikation mit ihrer Rolle hatte entscheidend mitbestimmt, wie gut sie die Fragen beantworten konnten.

In weiteren Tests schnitten schwarze Studenten im Vergleich zu ihren weißen Kommilitonen schlechter ab, nachdem sie vor dem Test ihre Rassenzugehörigkeit angeben mussten. Offensichtlich existieren viele subtile Reize, die uns zu etwas bringen oder auch davon abhalten. Das spiegelt sich auch in folgenden Erkenntnissen wider: Bei klassischer Hintergrundmusik werden dreimal teurere Weine gekauft als bei Popstücken. Kellner, die bei Übergabe der Rechnung ihre Gäste an den Handflächen oder Schultern berühren, bekommen mehr Trinkgeld. Eiscreme aus runden Behältern schmeckt uns besser als die aus eckigen.

Einige von Ihnen mögen jetzt Einwände erheben. Wie kann der Satz «Alle Macht kommt von innen» stimmen angesichts der Tatsache, dass wir offensichtlich so stark von unserer Umwelt beeinflusst werden? Sind wir nur Marionetten? Nein. Denn wir können dafür sorgen, dass wir solche Aspekte erkennen und in unser Denken mit einbeziehen. Nur so sind wir Handelnde. Widmen wir uns nun der Frage, wie wir andere dazu bringen können, in bestimmten Bahnen zu denken ...

DIE KRAFT DER FREMDSUGGESTION

Das ist mein ureigenes Geschäft, und ich habe schon oft gesehen, wie stark und unmittelbar Suggestionskräfte wirken können, wenn sie selbstbewusst und ohne auch nur die Spur eines leisen Zweifels ausgesprochen werden. In einer seiner Sendungen setzte sich Uri Geller beispielsweise zum Ziel, möglichst vielen Menschen dabei zu helfen, sich das Rauchen abzugewöhnen.

Zuerst bat er sämtliche Studiogäste, ihre Zigarettenpäckchen aus den Taschen zu nehmen. Dann zählte er bis drei, und bei drei sollten sämtliche Raucher im Publikum ihre Packungen zu ihm auf die Bühne werfen: Eins, zwei, drei – Hunderte von Verpackungen flogen auf die Bühne. Parallel dazu bat er die Zuschauer zu Hause vor den Bildschirmen, ihre Zigaretten mit der Hand zu zerknüllen und wegzuwerfen. Dann schaute Uri Geller ernst und mit unerschütterlichem Selbstbewusstsein in die Kamera und sagte laut und deutlich: «Ab jetzt raucht ihr nicht mehr!» Das war alles. Die Reaktion: Dutzende von Menschen aus dem Publikum im Saal und Tausende von TV-Zuschauern taten es fortan tatsächlich nicht mehr. Dies wurde später überprüft.

Bis auf eine Ausnahme: Der Gewinner der ersten Staffel, Vincent Raven, sammelte nach der Sendung, mit einem riesigen Müllbeutel ausgestattet, sämtliche Packungen vom Bühnenboden auf und zehrt wahrscheinlich noch heute von diesem Vorrat. Was können wir daraus lernen? Zweierlei! Erstens: An Vincent Raven prallten die Suggestionsversuche von Uri Geller ab. Zweitens: Mit Kraft und Selbstvertrauen ausgesprochen kann eine simple Aufforderung zur Suggestion werden.

Der britische Mentalist Derren Brown schreibt in seinem Buch «Tricks of the Mind», dass er als Anfänger in Sachen

Hypnose bei seinen ersten Versuchen mit Mitstudenten jeweils 45-minütige Induktionen benutzte. So nennt man die Texte, die das Medium in Trance versetzen und die zum Beispiel so beginnen können: «Du entspannst dich jetzt, und dein Atem verläuft gleichmäßig und ruhig. Langsam beginnen deine Augenlider schwer zu werden ...» Solche oder ähnliche Sätze kennen manche von Ihnen sicherlich aus dem autogenen Training. Eines Tages kam ein Kommilitone zu Brown, weil er von dessen unglaublichen Fähigkeiten als Hypnotiseur gehört hatte. Er konnte es kaum erwarten, den großen Meister bei der Arbeit zu erleben. Brown schaute ihn kurz hochkonzentriert an und sagte plötzlich scharf: «Schlaf!» Der Student fiel sofort in Trance!

Mir selbst passierte im Sommer 2005 etwas Ähnliches. Ich war engagiert worden, um bei einer privaten Party aufzutreten, und präsentierte eines meiner Suggestionsexperimente. Ich bat eine junge Dame zu mir auf die Bühne. Sie sollte sich bequem hinstellen und die Augen schließen. Anschließend forderte ich sie auf, sich zu entspannen und nur noch auf meine Stimme zu achten. Schließlich sagte ich zu ihr: «Wenn ich jetzt mit meinem Finger schnippe, entspannst du dich komplett – du bist dann völlig locker und entspannt.» Gesagt, getan – die Frau sackte sofort in sich zusammen! Ich konnte sie gerade noch auffangen. Beinahe wäre sie bewusstlos auf den Bühnenboden gefallen. Unglaublich! Seither lasse ich jeden, der bei diesem Experiment mitmachen möchte, auf einem Stuhl Platz nehmen.

Suggestionsversuche wirken allerdings bei allen Menschen verschieden intensiv. Es gibt solche – wie in den Beispielen oben –, die sofort den Formeln folgen. Andere dagegen sind nicht so empfänglich.

Penn und Teller sind zwei herausragende amerikanische Zauberkünstler. Sie bezeichnen sich als «Con Artists», zu Deutsch Trickkünstler. Ihr Ziel ist es, Betrüger zu entlarven und ihr Publikum dabei zu unterhalten, indem sie exakt vorführen, wie deren Methoden funktionieren. Eine Berufsgruppe, die Penn und Teller mit Vorliebe durch den Kakao ziehen, ist die der selbsternannten Wunderheiler. In ihrer Fernsehsendung mit dem treffenden Namen «Bullshit», in der sie die sehr profanen Hintergründe sogenannter unerklärlicher Phänomene systematisch aufdeckten, überzeugten sie das Publikum. Sie interviewten Menschen, die angeblich von Ufos entführt worden waren, redeten persönlich mit «Verstorbenen» und analysierten die Inhaltsstoffe von Wundermitteln, um zu zeigen, dass ahnungslosen Menschen hier von einem bedeutenden Industriezweig das Geld aus der Tasche gezogen wird. Bullshit eben.

Anhand eines Versuchs zeigten sie, wie zuverlässig die Macht der Suggestion sich auf die Entscheidungen von ganz normalen Menschen auf der Straße auswirkt. Hierzu kauften sie einen billigen Messingring, mit dem man Vorhänge aufhängt. Diesen zeigten sie Passanten in einer Einkaufspassage irgendwo in Amerika. Sie fragten, ob diese Passanten wüssten, was das für ein Gegenstand sei. Fast alle erkannten richtig, dass es sich um einen Gardinenring handelte. Danach fragten sie dieselben Menschen, wie viel sie denn bereit wären, dafür zu bezahlen. Der Betrag, der genannt wurde, lag stets unter der Grenze von 5 Dollar. Dann besorgten sich die beiden eine schöne samtausgeschlagene Schatulle für den Ring und sagten den nächsten Passanten, dieser sei energieangereichert und sorge beim Besitzer für Wohlbefinden. Sie legten ihn in die Hände der Angesprochenen und fragten die Versuchsteilnehmer, ob sie beim Kontakt mit dem Ring etwas Besonderes spürten, ein Kribbeln vielleicht oder eine angenehme Wärme. Und tatsächlich: Die meisten Menschen berichteten von einem positiven Gefühl.

Dann gingen Penn und Teller noch einen Schritt weiter: Sie zogen sich einen weißen Kittel an, errichteten einen

Stand mit professionell gestalteten Plakaten und stellten sich als Wissenschaftler vor, die die energetisierende Wirkung dieses besonderen Rings erforschten. Bei dieser Präsentation fühlten fast alle Menschen, die mit dem Ring in Berührung kamen, sofort seine angenehme Wirkung. Die meisten Passanten waren bereit, für denselben Ring bis zu 50 Dollar hinzulegen. Das zeigt die Macht der Suggestion! Ein weißer Kittel und überzeugendes Selbstvertrauen beim Anbieter hatten die Passanten ein Kribbeln in den Fingern spüren lassen, das ihnen viel wert war.

Das Milchkännchen-Experiment

Wenn Sie selbst einmal etwas Ähnliches probieren möchten, müssen Sie sich nicht unbedingt mit einem Messingring in eine Einkaufspassage stellen. Stattdessen können Sie beim nächsten Mal, wenn Sie Freunde zu Besuch haben und eine Tasse Kaffee mit ihnen trinken wollen, ein Experiment mit ähnlicher Wirkung durchführen. Sie sitzen also alle gemütlich beisammen und freuen sich auf eine schöne Tasse frisch aufgebrühten heißen Kaffee. Noch bevor irgendjemand Milch in seinen Kaffee gegossen hat, nehmen Sie das Kännchen, riechen daran und sagen: «Oje, die Milch riecht total verdorben, furchtbar ...» Stellen Sie es danach angewidert auf den Tisch zurück. Keiner wird sich jetzt Milch in den Kaffee gießen. Wetten? Einige Ihrer Freunde werden Ihnen sogar zustimmen und behaupten, dass die Milch tatsächlich schlecht rieche. Wenn Sie wollen, können Sie dann auch noch betonen, dass die Milch ja schon eine seltsame Farbe angenommen habe, wieder werden Ihnen einige zustimmen, wenn Sie Ihre Behauptung nur mit Überzeugung aussprechen. Gehen Sie dann in die Küche, um neue Milch zu holen, und bringen

Sie dasselbe Gefäß wieder zum Tisch zurück. Bitte achten Sie bei diesem Test besonders darauf, dass Sie auch wirklich frische Milch benutzen.

Während meines Studiums war einer meiner liebsten Scherze, mich an einen meiner Mitstudenten in der Bibliothek von hinten anzuschleichen, ihn im Genick kurz mit einem Eiswürfel aus dem Getränkeautomaten zu berühren und gleichzeitig zu rufen: «Heiß!» Einige meiner Opfer waren wirklich sauer und überzeugt, sie hätten eine leichte Verbrennung. Vielleicht erklärt dies, warum ich nur so wenige Studienfreunde hatte.

Was ich aber eigentlich sagen will, ist, dass man die Kritikfähigkeit eines Menschen herabsetzen kann, indem man seine eigene, manchmal bewusst irreführende Meinung über etwas äußert. Dadurch nimmt man dem anderen sein neutrales Urteilsvermögen. Ihr Gegenüber vertraut Ihnen – bevor es keinen Grund zur gegenteiligen Annahme gibt – und glaubt zum Beispiel, dass die Milch schlecht riecht oder dass Kälte sich heiß anfühlt. Ihre vorgegebenen Parameter machen eine unvoreingenommene Entscheidung unmöglich. Sie können es auf diese Weise schaffen, Menschen dazu zu veranlassen, Ihre Sicht der Dinge anzunehmen – allein durch Ihre Worte. Das ist Fremdsuggestion in purer Form.

Nachdem wir uns diese Möglichkeiten verdeutlicht haben, kann ein Satz wie «Das schaffst du sowieso nicht» zerstörerische Bedeutung bekommen. Der amerikanische Hypnotiseur Ormond McGill hat vier Regeln aufgestellt, damit eine Suggestion zuverlässig wirken kann. Sie sind das Ergebnis seiner Untersuchungen.

Die Ormond-McGill-Regeln

1. Die Gedanken Ihres Gegenübers müssen um eine vorgegebene Idee kreisen: «Die Milch riecht schlecht.» Erst nachdem Sie vorgegeben haben, die frische Milch rieche schlecht, kann diese Idee von anderen aufgegriffen werden. Alle Energie folgt nun der Idee: Ihretwegen vermag Ihr Gegenüber das plötzlich genauso zu empfinden. Vor der Suggestion dachte bestimmt niemand daran, dass die Milch vielleicht einen schlechten Geruch verbreiten könne. Ihre Freunde trauen Ihrem Urteilsvermögen blind, nach dem Motto: Wenn Sie ein entsprechendes Urteil fällen, wird das schon seine Berechtigung haben! In dem Moment, in dem Ihr Urteilsvermögen generell akzeptiert ist und Sie eine Idee vorgeben, werden die Gedanken der anderen sofort genau darum kreisen. Ein klares, unabhängiges Urteil von ihrer Seite ist dann nur noch schwer möglich.

2. Damit Sie die Gedanken des anderen Menschen um eine von Ihnen vorgegebene Idee kreisen lassen können, ist es ganz wichtig, dass Sie Ihre Beurteilung völlig überzeugt aussprechen. In Ihren Worten darf nicht der Hauch eines Zweifels mitschwingen. Sobald der andere auch nur den geringsten Grund hat, daran zu zweifeln, wird sich der Suggestionsversuch in nichts auflösen.

3. Ihre Suggestion muss von Ihrem Gegenüber ohne Kritik aufgenommen werden. Die richtige Wortwahl ist daher von großer Bedeutung. Ihre Suggestionen wirken durch die von Ihnen gewählten Argumente. Auf dieses Thema kommen wir anschließend zu sprechen.

4. Ihre Suggestionen müssen glaubhaft sein. Es ist durchaus realistisch, dass die von Ihnen angebotene Milch sauer ist. Ihre Suggestionen dürfen aber nie ein gewisses Maß an Realität überschreiten! Angenommen, Sie sagten: «Die Milch riecht wie Rotwein.» Dann hätten Sie die Sache wahrscheinlich überstrapaziert, und nur sehr wenige Menschen wären dafür empfänglich. Am besten funktionieren solche Suggestionen, deren Ziel von Ihrem Gesprächspartner sowieso herbeigesehnt wird. Ein Mensch, der unter Schmerzen leidet, wünscht sich natürlich nichts mehr, als dass diese Pein aufhört. In einem solchen Fall wird er alles glauben wollen, was Hilfe verspricht. Allerdings wäre es unsinnig, nur zu sagen: «Deine Schmerzen sind gleich weg!» Besser ist folgende Variante: «Du schließt jetzt deine Augen und entspannst dich immer tiefer. Und während du dich entspannst, spürst du, dass das, was dich gerade stört, immer schwächer wird – bis du es nicht mehr bemerkst. Du spürst, wie es immer weiter weg geht. Es ist gleich ganz weg! Wenn du deine Augen jetzt öffnest, bist du weiterhin entspannt, und nichts stört dich mehr. Öffne deine Augen und spür, wie gut du dich jetzt fühlst!» Ein gewisses Maß an Schmerzen ist damit nachweislich zu lindern.

Meine Frau Christiane ist eine Meisterin der Suggestion! Während ich diese Zeilen schreibe, sitze ich in einem wunderbaren Haus in der Toskana. Doch leider haben zwei unserer Kinder in diesem Urlaub eine Mittelohrentzündung bekommen und müssen nun ein Antibiotikum einnehmen. Meiner Tochter macht das nichts aus, aber mein Sohn sträubt sich bis zum Erbrechen dagegen. Allerdings gibt es einen bestimmten Hustensaft, den er sehr gerne mag. Also fragte Christiane unseren Sohn, ob er ein wenig von diesem Hustensaft wolle.

Das bejahte er sofort. Daraufhin nahm sie den Löffel, den unser Sohn vom Hustensaft her kennt, und gab sein Antibiotikum darauf. Unser Sohn nahm die Medizin ohne Murren, obwohl er deren Geschmack eigentlich hätte erkennen müssen. Kein Schreien und Würgen. Das bewirkt die Macht der Suggestion im Alltag. Einige von Ihnen werden jetzt vielleicht denken, dass diese Geschichte nur zeigt, dass ein Kind zu seinem eigenen Wohl hinters Licht geführt wurde. Das stimmt. In diesem Fall ist es ein und dasselbe.

SPRACHE SCHAFFT REALITÄT

«Die Sprache ist der Leib des Denkens», so drückt es Georg Wilhelm Friedrich Hegel aus und teilt der Sprache die Funktion zu, die sie hat: Durch Sprache können wir miteinander in Kontakt treten, wir können Menschen berühren, verletzen, sie verliebt machen, sie beschimpfen – das alles wird erst durch Sprache möglich. Es vergeht kein Tag, an dem wir sie nicht einsetzen. Das Geheimnis Sprache kommt bei sehr vielen meiner Bühnenexperimente zum Tragen. Durch die Sprache vermag ich auf der Bühne eine andere Realität zu erschaffen. Wenn es gelingt, sind das für mich persönlich die schönsten Momente.

DIE WICHTIGSTEN ZAUBERWÖRTER UNTER DER LUPE

Darf ich Ihnen ein Geheimnis verraten? Was Sie in diesem Kapitel lernen, wird Sie sehr beunruhigen. Falls Sie zart besaitet sind oder moralische Vorbehalte gegenüber Manipulationen haben, sollten Sie diese Seiten unbedingt überspringen und auf keinen Fall weiterlesen. Aber: Meines Wissens gibt es kein Buch auf dem deutschen Markt außer diesem, das Sie gerade in Händen halten, in dem Sie die dunkelsten Anwendungen manipulativer Psychologie kennenlernen können.

Lesen Sie meine Ausführungen jetzt trotzdem weiter, dann habe ich mit der ersten verbalen Kontrolltechnik bereits Erfolg gehabt: mit dem Heraufbeschwören von Angst. Es ist eine sehr selten angewendete, aber extrem erfolgreiche Aufmerksamkeitstechnik. Ich beginne mein Abendprogramm daher immer mit den Worten: «Was Sie heute Abend sehen werden, wird einige unter Ihnen sehr beunruhigen, ich zeige es Ihnen aber trotzdem.» Ab diesem Zeitpunkt habe ich mir die Aufmerksamkeit meines Publikums gesichert.

Sie können diese Technik also immer anwenden, wenn Sie die Aufmerksamkeit Ihres Gegenübers erlangen möchten. Angenommen, Sie werden von einem neuen Geschäftspartner nach Ihren Hobbys befragt und möchten seine volle Konzentration auf Ihre Antwort erreichen, sagen Sie einfach: «Wollen Sie die Antwort wirklich wissen? Viele Menschen bekommen Angst, wenn ich ihnen erzähle, was ich in meiner Freizeit so mache ... Bitte kommen Sie ein bisschen näher, ich will nicht, dass jeder das hört.» Sie können sicher sein, dass Ihr Gegenüber garantiert alles stehen und liegen lässt, um Ihren Ausführungen zu folgen.

Die zweite erprobte Technik habe ich bereits genannt: ein Geheimnis verraten. Wenn Sie möchten, dass Ihnen jemand wirklich folgt, dann sagen Sie leise: «Ich verrate Ihnen ein Geheimnis.» Sofort wird Ihnen jeder zuhören, denn Geheimnisse sind immer etwas Spannendes. Natürlich können Sie Ihr Vorhaben auch anders einleiten. Sie können sagen: «Normalerweise rede ich nicht darüber, aber ...» oder «Sie müssen mir versprechen, dass Sie das niemandem weitersagen» oder «Behalten Sie das bitte für sich ...» Erinnern Sie sich an den Satz meines Geschäftspartners auf Seite 22? Als er leise bat: «Darf ich dich mal was ganz Persönliches fragen?», war ihm die Aufmerksamkeit der kompletten Gesellschaft sicher. Nach dieser Einleitung sollten Sie sich noch konspirativ umschauen, sich zu Ihrem Gesprächspartner beugen und leiser weiterreden als zuvor, denn über Geheimnisse äußert man sich nie laut.

Robert Cialdini beschreibt in seinem Buch «Influence. The Psychology of Persuasion», wie der Kellner Vincent in den USA sein Trinkgeld durch eine solche Technik massiv erhöhen konnte. In den USA streben die Kellner normalerweise an, möglichst teure Speisen zu verkaufen, da sie nicht vom Restaurant bezahlt werden, sondern einen prozentualen Anteil an der Endsumme der Rechnung als Lohn erhalten. Je höher die Rechnung ausfällt, desto höher ist der Lohn.

Vincent wollte seinen Gästen aber nicht plump die teuersten Gerichte aufdrängen, sondern ging sehr viel subtiler und erfolgversprechender vor: Bei Aufnahme der Bestellung lehnte er sich ein wenig nach vorne und sagte: «Ich verrate Ihnen etwas: Ich fürchte, das Gericht, das Sie sich ausgesucht haben, ist heute nicht so gut wie sonst. Ich empfehle Ihnen stattdessen das X oder Y.» Die von ihm vorgeschlagenen Gerichte waren ein wenig günstiger als das ursprünglich bestellte – offenbar hatte Vincent gegen sein eigenes Interesse zum Wohl der Gäste gehandelt. Genau damit aber gewann er ihr Vertrauen, und sein Trinkgeld fiel überaus üppig aus. Zudem hatte er bei seinen Empfehlungen für den geeigneten

Wein und die beste Nachspeise Narrenfreiheit! Möglicherweise hätten die Restaurantbesucher ohne seine Empfehlung überhaupt keine Nachspeise oder gar keinen Wein zum Essen bestellt.

Wenn Sie also bei jemandem etwas erreichen wollen, kann es äußerst hilfreich sein, der Schlüsselperson vorher etwas zuzustecken. Genau das machen Sie, wenn Sie ein Geheimnis ankündigen. Sie wissen jetzt, wie es geht, aber bitte behalten Sie es für sich ...

DAS WÖRTCHEN «ODER»

Das Wörtchen «oder» wird einfach unterschätzt. Dabei hat eine Autowerkstatt mit Hilfe dieser Konjunktion den Verkauf von Scheibenwischern mehr als verdoppeln können. «Wie hat sie das gemacht?», werden Sie erstaunt wissen wollen. Ganz einfach: Wenn ein Auto zur normalen Inspektion abgegeben wurde, haben die Mitarbeiter gefragt: «Möchten Sie nur eine Inspektion, oder sollen wir auch die Scheibenwischer erneuern?» Allein durch das Vorstellen dieser Möglichkeit wurden die Wischer viel häufiger verkauft. Damit haben wir eine brauchbare Formel, die lautet: «Nur ...? Oder auch ...?» Mittlerweile hat sie eine recht große Anhängerschaft gewonnen. Überall hört man: «Möchten Sie nur Pommes frites oder auch noch Ketchup und Mayonnaise dazu?» – «Möchten Sie nur tanken oder auch noch einen Kaffee trinken?» – «Möchten Sie nur meinen Vortrag buchen oder Ihren Mitarbeitern auch noch einen Workshop anbieten?» – «Möchten Sie nur das ferngesteuerte Auto für Ihren Sohn kaufen, oder soll ich Ihnen auch noch die passenden Batterien mit dazulegen?» – Sie sehen: Diese drei Wörtchen sind in sehr vielen Bereichen einsetzbar.

Das Wort «oder» kann aber noch viel mehr: Stellen Sie sich vor, Sie haben Gäste bei sich zu Hause. Es wird ein netter

Abend, und die Eingeladenen bleiben länger. Sie wissen, dass Sie am nächsten Morgen fit sein müssen, denn Sie haben einen anstrengenden Tag vor sich. Ihre Gäste lassen nach dem Essen und einigen Gläsern Wein allerdings keine Anzeichen erkennen zu gehen. Sie können natürlich sagen, dass Sie am nächsten Tag wichtige Termine hätten, es geht aber auch eleganter und subtiler. Sagen Sie einfach: «Möchtet ihr noch ein Glas Wein, oder ...?» Die Betonung in diesem Satz ist sehr wichtig! Sie müssen, wie bei jeder Frage, die Stimme am Satzende heben. Das Wunderwort «oder» wird dann in derselben erhöhten Stimmlage gesprochen wie das Wort «Wein». Meist werden Ihre Gäste verneinen und bald gehen.

Wenn Sie das Wort «oder» hinter eine Frage hängen, wird Ihre Frage fast immer verneint werden. Wenn Sie jetzt mal darüber nachdenken, wie leicht es ist, einen Vorschlag in eine Frage zu verwandeln, werden Sie sehen, wie wertvoll diese Technik sein kann: «Möchtest du heute zu Hause bleiben, oder ...?» – «Möchtest du das letzte Stück Schokolade essen, oder ...?» Vorsicht, meine Tochter würde darauf zum Beispiel niemals reinfallen! «Stört es dich, wenn ich heute ein wenig später komme, oder ...?»

Ihr Gegenüber hört den Satz «Möchtest du noch ein Stück Schokolade essen, oder ...?» und ergänzt unweigerlich in Gedanken «... nicht!» Sein innerer Monolog hat also schon zum Nein geführt. «Nein» zu denken und «ja» zu sagen verursacht Stress, also sagen wir wahrscheinlich eher nein. Sie können Ihre Erfolgschancen daraufhin noch drastisch erhöhen, wenn Sie bei der Frage ganz leicht den Kopf schütteln. Umgekehrt klappt das auch: Wenn Sie möchten, dass jemand ja sagt, dann nicken Sie bei der Frage bestätigend. Falls Ihr Gegenüber auf Sie achtet und auf Sie eingeht, wird es unmerklich ebenfalls nicken. Zu nicken und gleichzeitig nein zu sagen ist sehr schwer. Sie wissen ja: Der Körper beeinflusst auch unsere Gedanken.

BEGRÜNDEN MIT «WEIL» UND «DENN»

Wenn Sie eine Handlung vor Ihrem Gesprächspartner begründen, haben Sie eher Chancen auf seine Zustimmung, als wenn Sie ihn die Begründung selbst suchen lassen. Angenommen, Sie sind unter starkem Zeitdruck und stehen am Flughafen beim Check-in-Schalter. Vor Ihnen sind noch vier Großfamilien mit je sechs riesigen Koffern. Sie selbst haben nur Handgepäck dabei. Ihr Flug geht in 30 Minuten, und Sie sind sehr spät dran, weil Sie auf dem Weg zum Flughafen in einen langen Stau geraten sind. Stellen Sie sich vor, Sie gingen zur ersten Person in der Warteschlange und fragten: «Würden Sie mich bitte vorlassen?» Wie hoch sind dabei wohl Ihre Chancen auf Erfolg? Vielleicht haben Sie Glück und erwischen jemanden, der verständnisvoll genug ist, doch das ist eher unwahrscheinlich. Wenn Sie allerdings begründen, warum die betreffende Person Ihnen damit einen großen Gefallen täte, erhöhen Sie Ihre Chancen drastisch. Sie sagen also besser: «Würden Sie mich bitte vorlassen, denn ich habe im Stau gestanden und bin sehr spät dran. Mein Flug geht schon in 30 Minuten.» Wenn Sie jetzt noch unauffällig zeigen, dass Sie nur eine Tasche als Handgepäck dabeihaben – also andeuten, dass Sie ganz schnell eingecheckt haben werden –, sehen Ihre Erfolgsaussichten, vorgelassen zu werden, gut aus.

In dem Moment, in dem Sie etwas begründen, nehmen Sie Ihrem Gegenüber die Möglichkeit, falsch über Ihre Motive zu spekulieren. Erinnern Sie sich an die Bedeutung unserer Erwartungen und unserer Erfahrungen aus dem ersten Kapitel? Unsere Erwartungen bestimmen unser Weltbild. Leider kennen Sie aber die Erfahrungen der anderen Menschen nicht. Woher also sollen die anderen in der Warteschlange wissen, dass Sie kein unangenehmer Vordrängler sind, sondern tatsächlich einen guten Grund für Ihre Bitte haben? Menschen neigen dazu zu spekulieren und für alles eine Begründung zu suchen. Um zu vermeiden, dass diese in die falsche Richtung gehen, nennen Sie die richtigen Gründe lieber gleich.

VERSCHACHTELTE ANWEISUNGEN

In einer Umfrage hat man die Ängste der Menschen erforscht, sie anschließend analysiert und eine Liste der zehn bedeutendsten zusammengestellt. Nummer zwei: der Tod. Das ist kein Druckfehler, Sie lesen richtig: Der Tod steht tatsächlich erst an zweiter Stelle. Was aber ist für uns denn noch schlimmer, als zu sterben? Hier ist sie, die Nummer eins: vor einer Gruppe zu stehen und eine Rede halten zu müssen. Das ist die größte Angst des Menschen! Der amerikanische Komiker Jerry Seinfeld hat daraufhin richtig gefolgert: «Das bedeutet, dass der Mensch bei einer Beerdigung lieber im Sarg liegt, als davorzustehen und die Grabrede zu halten ...»

Aufgrund dieser Erkenntnis können Sie sich vielleicht vorstellen, dass es oft nicht leicht ist, jemanden bei einem Experiment zur Mithilfe auf die Bühne zu bewegen. Würde ich nur zögerlich sagen «Würden Sie bitte nach vorne kommen?», würde ich sicher lange suchen müssen, bis endlich ein mitfühlender Zuschauer der Bitte nachkäme. Der Mensch neigt dazu, solche Aufforderungen lieber nicht zu befolgen. Ich selbst habe fast nie Schwierigkeiten, Zuschauer zum Mitwirken zu motivieren, denn ich wende eine sehr verlässliche Taktik an: Ich verschachtele meine Anweisungen. Statt also nur zu äußern «Kommen Sie bitte nach vorne!», sage ich: «Stehen Sie bitte auf und kommen Sie nach vorne!» Sehen Sie den Unterschied? Sobald ich die Befehle miteinander kombiniere, werden beide befolgt, obwohl jeder einzelne für sich wahrscheinlich verweigert werden würde.

Das Wort «und» verbindet sie miteinander. Es ist also ganz einfach: Sie geben eine Anweisung und verbinden sie durch die Konjunktion «und» mit der zweiten Anweisung. Nach der

Formel: Anweisung – und – Anweisung. Der Empfänger bekommt dadurch mehr Informationen, die er zu verarbeiten hat. Auf eine Aufforderung hin nein zu sagen ist einfacher, als sie zweifach verneinen zu müssen. Ihr Gesprächspartner weiß dann nicht, welche Bitte er zuerst ablehnen soll, deshalb befolgt er wahrscheinlich beide! Das Schöne daran: Er hat gar nicht bemerkt, dass Sie ihn beeinflusst haben. Diese Taktik funktioniert in den verschiedensten Alltagssituationen:

- «Geh nach oben und räum dein Zimmer auf!»
- «Schau mich an und sag was!»
- «Komm her und küss mich!»
- «Schreiben Sie das Protokoll und mailen Sie es mir dann zu!»
- «Rufen Sie uns an und fragen Sie uns!»
- «Greifen Sie zum Telefon und rufen Sie uns an!»

Sie sehen, die Formel ist sehr einfach in der Anwendung – und sehr vielseitig. Natürlich machen Sie damit keinen Menschen von Ihrem Willen abhängig. Wenn auch nur einer der Befehle für den Empfänger überhaupt nicht in Frage kommt, dann wird er auch den anderen nicht ausführen. Ich persönlich übe noch immer an dem Satz: «Geh nach oben und räum dein Zimmer auf!» Übrigens: Sie können Ihre Chancen auf Erfolg erheblich steigern, wenn Sie den Text sicher und autoritär aussprechen. Seien Sie selbstbewusst und schauen Sie die andere Person direkt an. Sie werden sehen, die Technik funktioniert erstaunlich oft.

Welche Wörter hören Sie in Ihrem Leben am häufigsten, liebe Leserin und lieber Leser? Was denken Sie? Neben den Wörtern «nein» und «und» hören wir – hoffentlich – am meisten unseren Namen. Und den hören wir besonders gern. Mit diesem Wissen sollten Sie von nun an versuchen, Menschen häufiger persönlich anzusprechen. Rüdiger Nehberg, auch bekannt als Sir Vival, beschreibt in einem seiner Bücher, wie man sich in extremen Situationen, beispielsweise Folter oder Vernehmung, verhalten solle. Einer der ersten Tipps lautet: «Versuchen Sie, den Namen Ihres Gegenübers in Erfahrung zu bringen, und reden Sie es mit diesem an.» Ich selbst war glücklicherweise noch nicht in einer derart misslichen Lage und habe keine Ahnung, ob sich Folterknechte vor Ausführung ihrer Arbeit persönlich vorstellen. Obwohl ich Nehbergs Bücher als Jugendlicher verschlungen habe, zweifle ich an diesem Ratschlag noch heute. Aber grundsätzlich richtig und wichtig ist: Fragen Sie nach den Namen der Personen, mit denen Sie zu tun haben, und benutzen Sie sie! Menschen hören ihren eigenen Namen sehr gern. Nutzen Sie diese Tatsache für sich. Menschen sind offener für Ihre Vorschläge, wenn sie persönlich an diese gerichtet werden.

- «Gudrun, kannst du mir hierbei kurz helfen?»
- «Es war schön, dich kennenzulernen, Christiane!»
- «Marlena, rufst du mich heute Abend an?»
- «Du kommst doch sicher zu meiner Geburtstagsfeier, Manfred.»

Es macht allerdings einen Unterschied, ob der Name am Satzanfang oder am Satzende genannt wird. Nennt man ihn zu Beginn, so stellt man damit sicher, die volle Aufmerksamkeit des Gegenübers zu bekommen. Am Satzende kann durch einen Fehler in der Betonung die Vertraulichkeit zu intensiv werden, was schnell zur Folge haben kann, dass der andere sich bevormundet fühlt: «Hast du mir überhaupt zugehört, Matze?» Hüten Sie sich also vor einer zu starken Betonung am Ende – die kann schnell einen falschen Eindruck vermitteln!

Es ist bei weitem nicht so schwierig, sich Namen zu merken, wie oft angenommen wird. Falls Sie selbst sich für einen hoffnungslosen Fall halten, besuchen Sie ein Seminar über Memotechnik. Solche Gedächtnis-Schulungs-Seminare werden sicher auch in Ihrer Nähe angeboten. Oder kaufen Sie sich ein Buch, mit dessen Hilfe Sie sich Merktechniken aneignen können. Zu dem Thema gibt es vielerlei Literatur, die reichlich gute Empfehlungen bereithält.

Den wichtigsten Tipp in diesem Zusammenhang kann ich Ihnen aber schon an dieser Stelle geben: Nehmen Sie sich von jetzt an vor, den Namen neuer Bekanntschaften beim ersten Versuch zu behalten. Das ist fast schon alles. Passen Sie bei der Vorstellung besser auf und nehmen Sie sich fest vor, den neuen Namen dauerhaft zu speichern. Sie werden sehen, wenn Sie in dem Moment 100-prozentig aufmerksam sind und den Namen im Geist noch einmal wiederholen, werden Sie ihn höchstwahrscheinlich behalten. Diese einfache Maßnahme kann Ihnen gute Erfolge bescheren. Ein anderer effektiver Tipp für die Erinnerung an Vornamen: Stellen Sie sich neben der Person, die Sie gerade kennengelernt haben, jemanden mit demselben Namen vor, den Sie bereits kennen. Sich die Namen neuer Kontakte zu merken, ist mit einigen Tricks also gar nicht so schwer.

Zum Stichwort «Bekanntschaften» fällt mir eine sehr schöne Story ein. Ein amerikanischer Zauberkünstler war berühmt für sein gutes Gedächtnis. Jeder neue Bekannte bekam von ihm am Ende des Jahres eine Weihnachtskarte mit den besten Wünschen und ganz persönlichen Zeilen. In diesen ging er immer auf genau das Gespräch ein, das sie beim Kennenlernen miteinander geführt hatten. Die Namen der beiläufig erwähnten Familienmitglieder, die Umstände und Räumlichkeiten, in denen man sich kennengelernt hatte und worüber an dem Abend noch gesprochen wurde – all das war dem Zauberkünstler geläufig. Es schien unglaublich, dass er sich an all diese Details erinnern konnte und in der Lage war, sie der richtigen Person zuzuordnen. Alle waren beeindruckt, und das verbesserte natürlich das Image des mysteriösen Zauberers. Hatte er wirklich ein derart unfehlbares Gedächtnis? Nein, er bediente sich vielmehr eines sehr guten Tricks: Er schrieb die Karte für den neuen Bekannten jeweils am selben Abend und schickte sie erst zu Weihnachten ab. Großartig!

DAS WORT «NICHT»

«Ich denke, Sie sollten jetzt nicht mehr weiterlesen. Was jetzt kommt, ist für Sie nicht mehr interessant.» Mit einer solchen Aufforderung bewirke ich das genaue Gegenteil des Gesagten und mache Sie noch neugieriger auf das, was Sie jetzt gleich erwartet. Oder? Diese Technik ist stark verwandt mit der zuerst genannten Methode in diesem Kapitel, dem Heraufbeschwören von Angst. In diesem Fall appelliere ich nur nicht an Ihre Angst, sondern an Ihre Neugierde.

Das Wort «nicht» ist ein Unwort. Wenn ich Sie bitte, etwas nicht zu tun, beschwöre ich in dieser Aufforderung immer genau das Bild herauf, das ich vermeiden möchte. So ist das Wort «nicht» unserem Unterbewusstsein unbekannt! Lesen Sie also die Kombination «nicht weiterlesen», dann wird Ihr Unterbewusstsein das Wort «nicht» sofort ausblenden, und Sie lesen natürlich weiter, sogar noch viel wissbegieriger als zuvor. Sie denken instinktiv «weiterlesen» und haben damit die Formel für sich umgemünzt.

Stellen Sie sich folgende Szene vor: Sie sitzen in einem Restaurant. Am Nebentisch hat eine Familie mit zwei kleinen Kindern Platz genommen. Eines der Kleinen hat ein volles Glas mit Limonade in seinen Händen. Der Vater sagt ernst und bestimmt: «Pass auf, dass das Glas nicht umfällt!» Was wird in den nächsten Minuten mit Sicherheit passieren? Genau, es wird umfallen. Weitere Beispiele dafür gibt es viele:

- «Du brauchst keine Angst zu haben!» Was passiert? Die Angst ist da, vielleicht noch intensiver.
- Noch besser verdeutlicht das ein Arztbesuch: «Hab keine Angst, es tut nicht weh!» Alle Antennen sind ausgefahren und warten auf den Schmerz.
- Auch immer wieder gern gehört: «Ich bin nicht sauer.» Natürlich!

All diese grausamen Sätze können Sie entweder bewusst aussprechen, um jemanden zu quälen, oder Sie drehen sie einfach um und verbessern damit die Situation. Vermeiden Sie das negative «nicht», das ich hier gerade verwendet habe. Ich hätte nämlich auch einfach schreiben können: «Sagen Sie nicht ‹nicht›.» Auf die oben genannten Beispiele angewendet bedeutet das:

- «Du kannst völlig beruhigt sein.»
- «Bleib ganz ruhig, nach der Behandlung wird es dir bessergehen.»
- «Es ist alles in Ordnung.»

Sehen Sie den Unterschied? Das ist sehr viel sinnvoller, als direkt Befehle auszusprechen. Direkte Befehle betonen nur das Resultat, welches Sie sich wünschen. Also, liebe Eltern, sagen Sie von jetzt an im Restaurant nur: «Bitte trink vorsichtig.»

Damit aber nicht genug: Es gibt nämlich noch einen ganz gemeinen Trick mit diesem kleinen vielsagenden Wort. Sie können das Wort «nicht» nämlich absichtlich dazu nutzen, Ihrem Gegenüber einen bestimmten Gedanken einzupflanzen! Sie drücken sich absichtlich nicht positiv aus, um seine Gedanken bewusst in eine andere Richtung zu lenken. Dabei sagen Sie: «Tu XY nicht, außer du willst Z.» Hier einige Beispiele dazu:

- «Kaufen Sie diesen DVD-Player nicht, außer Sie wollen den mit der besten Bildqualität.»
- «Lies dieses Buch nicht, außer du willst in deinem Examen wirklich gut abschneiden.»
- «Du brauchst den Tisch nicht zu decken, außer du willst Mama einen großen Gefallen tun.»

Nach dem ersten Teil des Satzes fühlen sich Ihre Gesprächspartner aufs Glatteis geführt. Sie werden neugierig und warten auf den zweiten Teil, in dem schließlich die von Ihnen gewünschte Auflösung kommt.

Kennen Sie Menschen, die grundsätzlich allem widersprechen? Egal, was Sie sagen, diese Leute werden immer eine Diskussion anfangen und Ihnen erklären, warum das von Ihnen Gesagte falsch ist. Sie erkennen solche Mitbürger an einleitenden Formeln wie: «Ja, aber ...» oder «Findest du?» Egal, was Sie vorschlagen, diese Menschen werden grundsätzlich verneinen. Wenn Sie das aber berücksichtigen, können Sie diese Tatsache für sich nutzen. Sie müssen Ihre Ideen nur mit einer bereits eingebauten Negation vorschlagen. So erzielen Sie über einen Umweg genau das Resultat, welches Sie erreichen wollten. Einige Beispiele:

- «Du willst heute Abend sicher nicht ins Kino gehen.»
- «Dieser Vorschlag hat dir sicher nicht gefallen.»
- «Du willst heute sicher nicht in die Stadt.»
- «Ich bin vielleicht nicht der Richtige für diese Aufgabe.»

Sehen Sie, wie einfach diese Technik aufgebaut ist? Mit dem Wort «nicht» können Sie sehr starke verbale Kontrolle ausüben. Tun Sie das nicht – außer Sie wollen von jetzt an Ihre Interessen besser vertreten.

Bisher haben wir uns hauptsächlich mit Techniken und Wörtern befasst, die Sie bewusst anwenden können. Um eine andere Person erfolgreich zu lenken, gibt es jedoch einige Wörter, die Sie besser vermeiden sollten. In Studien wurde die Sprache erfolgreicher und mächtiger Menschen untersucht. Hierbei konnten einige Sprachmuster herausgefiltert werden, und es wurde klar: Einige Wörter wurden von diesen Menschen so gut wie nie benutzt.

DAS WORT «EIGENTLICH»

Dieses Wort können Sie ersatzlos aus Ihrem Vokabular streichen. Es hat keine positive Eigenschaft. Betrachten Sie folgende Beispiele und urteilen Sie selbst:

- «Eigentlich habe ich dir immer die Wahrheit gesagt.»
- «Eigentlich liebe ich dich.»
- «Eigentlich ist das ein sehr gutes Angebot.»
- «Eigentlich bin ich der Richtige für diese Aufgabe.»

Was sagen diese Sätze aus? Sie werden immer einen negativen Beigeschmack haben, da das Wort «eigentlich» stets eine Hintertür offen lässt. Besonders unangenehm ist dabei die Tatsache, dass unser Gesprächspartner diese Fluchtmöglichkeit erkennt und im schlimmsten Fall misstrauisch wird. Er spürt, dass irgendetwas nicht so ist, wie Sie es darstellen. Streichen Sie das Wort! Ersatzlos!

DAS WORT «VIELLEICHT»

- «Vielleicht komme ich mit euch ins Kino.»
- «Vielleicht kann ich Ihnen die Arbeit termingerecht liefern.»

Das Wörtchen «vielleicht» drückt nichts als Unsicherheit aus! Es ist die berühmte Fluchtmöglichkeit. Es zeigt, dass Sie in Wahrheit nicht wollen. Wer aber will nicht lieber mit entschlossenen Menschen zusammenarbeiten, privat und beruflich? Formulieren Sie besser.

- «Wenn ich pünktlich aus dem Büro komme, schaffe ich es noch rechtzeitig ins Kino. Ich rufe dich in jedem Fall an.»
- «Ich habe momentan sehr viele Projekte zu betreuen und tue, was ich kann, um Ihnen die Arbeit termingerecht zu liefern.»

DAS WORT «ABER»

«Das Essen schmeckt gut, aber du brauchst es nicht mehr zu kochen.» Dieses Zitat stammt von meinem Bruder. Er sagte es als kleines Kind zu meiner Mutter – offensichtlich wollte er sie nicht beleidigen. Was macht das Wort «aber»? Es streicht den Teil des Satzes, der vor dem «aber» steht, durch und unterstreicht den Teil, der danach kommt! Was bleibt vom oben genannten Satz hängen? Hauptsächlich, dass meine Mutter so etwas nicht mehr kochen sollte. Sie können diese Wirkung des Wörtchens natürlich für sich nutzen. Wenn Sie allerdings eine Aussage nicht werten wollen, dann lassen Sie entweder den zweiten Teil des Satzes komplett weg, oder Sie ersetzen das Wort «aber» durch «und». Dadurch werden Sie automatisch wenig Widerspruch ernten. Das Wort «aber» lädt nämlich regelrecht dazu ein. Besonders grässlich ist die Variante mit «ja, aber». Das bedeutet faktisch «nein».

- «Die Präsentation war klasse.» – «Ja, aber die letzte hat mir besser gefallen.»

Jedes «ja, aber» enthält allerdings auch noch das Wörtchen «ja». Und genau darauf sollten Sie sich in der darauf folgenden Diskussion konzentrieren. Das heißt für Sie, dass Sie jetzt einfach so tun, als hätte Ihr Gesprächspartner nur «ja» gesagt. Das «aber» vergessen Sie einfach. Auf das Beispiel bezogen bedeutet das, dass Sie im weiteren Verlauf einfach sagen, was Ihnen an dieser Präsentation besonders gut gefallen hat. Meistens wird Ihr Gegenüber nicht merken, wie Sie das Gespräch lenken. Ist diese Methode immer die richtige? Sicher nicht, aber in den meisten Fällen wird sie funktionieren. Angenommen, Ihr Gesprächspartner fand die Präsentation schlecht und wollte nur höflich sein, dann werden Sie ihn mit dieser Formel nicht bekehren können. Falls ihm aber die Präsentation gut gefallen hat, er die andere nur noch besser fand, dann haben Sie wunderbar die verbale Klippe umschifft und können beim Thema bleiben.

DIE FORMEL «ICH MUSS IHNEN GANZ EHRLICH SAGEN ...»

Sind Sie denn sonst nicht ganz ehrlich? Dieser Eindruck kann entstehen, wenn Sie bei einem bestimmten Argument Ihre Ehrlichkeit betonen. Diese Bemerkung hat einen negativen Beigeschmack, obwohl Sie das genaue Gegenteil bewirken soll. Mein Lieblingsbeispiel hierzu: Einem Teilnehmer bei «Deutschland sucht den Superstar» wurde eine Frage gestellt. Die Antwort: «Ganz ehrlich (lange Pause), jein.»

DAS WORT «MAN»

Mit dem Wort «man» fühlt sich niemand angesprochen. Wenn meine Frau zu mir sagt: «Man müsste mal wieder den Rasen mähen», dann antworte ich in der Regel: «Ich habe nichts dagegen.» Wer ist «man»? Niemand! Keiner bezieht es auf sich, wenn Sie in einem Meeting sagen, was «man» alles noch tun muss. Genauso wird sich niemand angesprochen fühlen, wenn Sie sagen, was «man» alles gut gemacht hat. Das Lob läuft ins Leere.

«Man» ist unverbindlich und daher einfach schwach. Politiker benutzen es oft, wenn sie verallgemeinern und auf keinen Fall eine verbindliche Aussage treffen wollen. Beachten Sie den Unterschied zwischen «Man macht das nicht» und «Ich mache das nicht» sowie «Ich möchte nicht, dass du das tust».

DAS WORT «DU»
Jeder Mensch hört gern Dinge über sich selbst, seine Interessen, seine Leistungen, sein Leben. Das ist jedem wichtig. Sie können diese Tatsache nutzen, indem Sie das Wort «du» beziehungsweise «Sie» öfter benutzen. Versuchen Sie, Ihr Gegenüber so oft wie möglich persönlich anzusprechen! Hierbei haben Sie auch die Möglichkeit, aus der Perspektive des anderen zu argumentieren. Verpacken Sie Ihre Argumente also in der Sichtweise des anderen. Angenommen, Sie wollen mit Ihrem Partner ins Kino gehen. Dann könnten Sie es zum Beispiel mit der Einleitung versuchen: «Du wolltest doch den neuen Film mit George Clooney sehen, sollen wir uns den heute Abend anschauen?»

DIE WÖRTCHEN «IMMER» – «SCHON WIEDER» – «NIE»
Wenn Sie in Ihrer Partnerschaft Stress wollen, dann gebrauchen Sie ganz einfach ständig die Wörter «immer», «schon wieder» oder «nie», wenn Sie den anderen kritisieren. Der konstante Gebrauch dieser teuflischen Wörter hat schon viele

Ehen zerstört. Genau wie der Satz: «Das habe ich doch gleich gesagt.» Solche oder ähnliche Formeln sind tabu:

- «Du hast schon wieder nicht …»
- «Immer sagst du …»
- «Nie machst du …»

Sie pauschalisieren alles und versperren damit die Möglichkeit, die Situation zu klären. Ihr Partner kann sich dadurch nur sehr schwer ändern. Genau das wollen Sie aber! (Beachten Sie, dass das Wort «aber» im vorstehenden Satz den Inhalt nicht schmälert, sondern nur unterstreicht.) Pauschalisieren Sie also besser nicht, sondern gehen Sie mit Ihrem Partner auf das konkrete Ereignis ein: «Das hat mich sehr gestört, bitte mach doch das nächste Mal …» Damit kann er Ihnen nämlich keine Verallgemeinerungen vorwerfen, sondern ist gezwungen, auf das konkrete Ereignis einzugehen.

VERBAL POWER: KLEINE UNTERSCHIEDE, GROSSER EFFEKT

Der Ton macht die Musik! Auf Seite 47 habe ich Ihnen die Studie vorgestellt, in der behauptet wird, dass der eigentliche Inhalt nur 7 Prozent einer Nachricht ausmacht. 38 Prozent werden durch unsere Stimme übermittelt. Albert Mehrabian, Professor an der University of California (UCLA), hat die Studien 1967/68 durchgeführt und 1971 veröffentlicht. Dabei wurden zwei ursprünglich getrennte Untersuchungen stark vereinfacht und schließlich miteinander vermischt. Mehrabian selbst hat später stets betont, dass er mit seiner Studie keine allgemeine Erkenntnis für Kommunikation geliefert hat – die Zahlen sind also mit Vorsicht zu genießen. Trotzdem zeigen sie, wie wichtig Körpersprache und Betonung sind. Ob die nonverbalen Signale nun bei 93 Prozent oder nur bei 80 Prozent liegen, ist für unsere Zwecke nicht wirklich erheblich. Der entscheidende Punkt ist, dass wir diese nonverbalen Signale sehr wohl wahrnehmen und richtig deuten können.

Mit der Stimme haben wir nicht sehr viele Möglichkeiten, aber die, die wir haben, haben es in sich. Meine Stimmtrainerin Karyn von Ostholt hat immer zu mir gesagt: «Mal schnell, mal langsam, mal laut, mal leise. Das ist als Faustregel sehr gut.» Tatsächlich können Sie bei Betonung und Stimme auf Folgendes achten:

- Geschwindigkeit: Spricht jemand schnell oder langsam?
- Stimmlage: Spricht jemand mit hoher oder tiefer Stimme?
- Lautstärke: Ist sie normal oder überhöht?
- Artikulation: Wie deutlich werden die einzelnen Wörter ausgesprochen?
- Rhythmus: Macht jemand Pausen an der falschen Stelle?
- Bei schlechtgeschulten Moderatoren hört man beispielsweise sofort, ob sie ein auswendig gelerntes Skript vortragen oder ob sie tatsächlich spontan sprechen.

Auch hier geht es hauptsächlich darum, dass Sie ein Bewusstsein für diese Eigenschaften der Stimme entwickeln und sie dann später bewusst einsetzen. Ihre Intuition kann Ihnen hier enorm weiterhelfen. Welche Person wirkt aufgeregter: diejenige, die undeutlich artikuliert, oder die, die langsam spricht und jede Silbe richtig betont?

Schritte zur verbalen Kontrolle

1. Sprechen Sie die Sprache Ihres Gegenübers
Hören Sie sich die Art an, wie Ihr Gesprächspartner spricht, und passen Sie sich an. Benutzt Ihr Gegenüber oft Fremdwörter: Greifen Sie sie auf. Benutzt Ihr Gegenüber Metaphern: Erweitern Sie diese Metaphern! Sprechen Sie je nach Typ und Situation in visuellen, auditiven oder kinästhetischen Bildern. Wenn der andere dieselbe Sprache spricht, werden Sie sich verstehen.

Ein Beispiel: Bei meiner ersten Tournee hatte ich einen Manager, der sehr gern englische Ausdrücke benutzte. Auch wenn es für eine Sache ein deutsches Wort gab, benutzte er lieber ein englisches. Statt in unseren Tourplan das Wort «Einlass» einzutragen, um deutlich zu machen, wann die Theatergäste den Raum betreten würden, benutzte er den Vermerk «Doors open». Das Unangenehme: Oft waren die englischen Ausdrücke nicht nur unnötig, sondern auch falsch – mit teilweise fatalen Konsequenzen.

Ich werde nie unseren Auftritt in Basel vergessen. Ich fuhr genau zu der Adresse, an der laut meinem Vertrag das Theater hätte sein sollen. Als ich mich der Straße näherte, konnte ich mir kaum vorstellen, dass sich das Gebäude tatsächlich dort befinden sollte – ich war in Basels Rotlichtviertel gelandet. Alles kam mir sehr seltsam vor. Schließlich stand ich vor einem Haus, in dem Damen sehr eindeutig ihre Dienste anboten. Das war das einzige Mal, dass ich gesagt habe: «Hier trete ich nicht auf.» Sehr irritiert rief ich meinen damaligen Manager an und fragte ihn, was es damit auf sich habe. Er war völlig verwundert, denn er war bereits im richtigen Theater und meinte nur, alles sei doch in bester Ordnung. Die Lösung: Im Vertrag stand nicht das Wort «Veranstaltungsort», sondern der englische Begriff «Venue». Der Gastronom, dem auch das Theater gehörte, dachte, mit «Venue» wäre seine Geschäftsadresse gemeint, und die war tatsächlich genau in dem Haus, das unten eine Bar beherbergte. «There is no business like showbusiness.»

Ich mag keine Anglizismen und bemühe mich, sie zu vermeiden. Trotzdem habe ich in Gesprächen mit meinem damaligen Manager oft «seine» englischen Wörter benutzt. Ich wollte seine Sprache sprechen und sicher sein, dass meine Informationen entsprechend bei ihm ankommen. Das hat auch etwas damit zu tun, beim Gespräch die Kontrolle zu behalten.

2. Unbemerkte Beeinflussung
Diese Technik stammt meines Wissens aus dem Bereich der Hypnose. Hierbei betonen Sie einzelne Wörter im Satz und geben so Anweisungen, die unbewusst wahrgenommen werden. Angenommen, Sie machen einen Vorschlag und möchten, dass dieser auch akzeptiert wird. «Ich habe den Eindruck, dass Sie noch ein wenig Bedenkzeit brauchen, um sich für diesen Vorschlag zu entscheiden.» Wenn Sie die letzten drei Wörter entsprechend betonen, hört Ihr Gesprächspartner neben dem eigentlichen Satz hauptsächlich die Botschaft «für diesen Vorschlag entscheiden».

Betonen Sie die Wörter ein klein wenig stärker und schauen Sie Ihr Gegenüber dabei an. Sie können sogar ein leichtes Kopfnicken andeuten, eine bejahende Geste machen, die Augen ein wenig weiter öffnen oder sie schließen, um Ihre Aussage entsprechend zu unterstützen. Ich habe nie glauben können, dass diese Technik tatsächlich funktioniert, bis ich eines Tages einen Test vorführte, bei dem ich die Uhr eines Zuschauers auf eine bestimmte Zeit stellte und ihm die Uhr mit dem Ziffernblatt nach unten in die Hand gab. Dann sollte der Zuschauer eine Zahl zwischen 1 und 60 nennen. Exakt auf dieser Zahl stand dann der Minutenzeiger seiner Uhr!

So wird die Sache zumindest kolportiert. In Wirklichkeit läuft das Ganze ein wenig anders ab. Angenommen, ich stelle den Minutenzeiger auf die 42, dann sage ich zu meinem Zuschauer: Bitte nennen Sie jetzt schnell eine Zahl zwischen 20 und 45, eine Zahl zwischen 20 und 45, schnell. Die Wiederholung ist kein Druckfehler, sondern beabsichtigt und wichtig. Ich betone die 45 stärker als die 20 und habe festgestellt, dass sehr viele Menschen daraufhin eine Zahl nahe der 45 nennen. Das Schöne daran ist, dass meine Zuschauer später sagen, sie hätten irgendeine Zahl nennen können, dabei war der Spielraum nicht 1 bis 60, sondern es gab nur 25 mögliche Antwortmöglichkeiten. Falls jemand die 40 oder 41 nennt, ist der Zeiger noch nah genug an der richtigen Zahl, um ein beeindruckendes Ergebnis zu liefern. Falls ein Zuschauer die 41 nennt, dann warte ich eben eine Minute bis zum Umdrehen der Uhr – herrlich!

3. Die richtige Betonung
Wenn jemand am Ende des Satzes die Stimme hebt, erwarten wir, dass danach noch etwas kommt. Denken Sie nochmals an mein Lieblingswort «oder». Wenn Ihnen jemand eine Anzahl von Gegenständen aufzählt, können Sie anhand seiner Betonung hören, wann er den letzten nennt: Dann geht seine Stimme am Ende wieder nach unten. Stellen Sie sich vor, jemand sagt Ihnen etwas und hebt am Ende des Satzes die Stimme. Sie haben automatisch den Eindruck, dass er noch nicht fertig ist – außer, er hat Ihnen eine Frage gestellt, denn am Ende einer Frage betonen wir anders.

Menschen, die Autorität ausstrahlen, sprechen nicht so. Sie sprechen ruhig, sicher und gehen am Ende des Satzes mit der Betonung nach unten, damit der Satz zum Statement wird. Solche Sätze wirken. So haben unsere Eltern mit uns gesprochen, wenn es um etwas Ernstes ging. Wie etwas gesagt wird, kann somit wichtiger sein, als das, was gesagt wird.

Hören Sie in Zukunft mal genau hin, wenn ein Radiosprecher redet. Anhand der richtigen Betonung können Sie bei sehr vielen Moderatoren hören, ob sie etwas vorlesen oder frei sprechen. Bei gelesenen Texten betonen die meisten von uns Stellen, die sie bei frei gesprochenen Texten ganz anders bewerten würden. Oft machen wir Pausen, wo sie nicht hingehören. Das gilt auch für auswendig gelernte Texte. Daher ist es für die meisten von uns besser, eine Rede weder auswendig zu lernen noch vorzulesen. Am besten, Sie machen sich einen Leitfaden und reden dann relativ frei. Sie betonen dann automatisch richtig und tun sich und Ihren Zuhörern einen großen Gefallen. Während meines Studiums hatte ich viele Gelegenheiten, das freie Sprechen zu trainieren. Jeder angehende Dolmetscher musste pro Semester einige Reden halten, die von den anderen synchron übersetzt wurden. Wir konnten über Themen sprechen, die uns interessierten, und es gab nur eine einzige Vorschrift: Keine Rede durfte abgelesen werden!

4. Sagen Sie so wenig wie möglich und genauso viel wie nötig
Wenn Sie jemanden beeinflussen wollen, dann ersticken Sie ihn nicht mit einem Wortschwall. Stellen Sie sich einflussreiche Personen vor. Haben diese in entscheidenden Momenten viel oder wenig geredet? Ich sage nicht, dass Sie wortkarg sein sollen, aber Sie sollten auch nicht mehr sagen als nötig! Je mehr Sie unterbringen wollen, desto mehr Möglichkeiten haben Sie, in entscheidenden Momenten etwas Falsches zu sagen. Damit verlieren Sie vielleicht die Kontrolle. Sagen Sie in entscheidenden Momenten nur so viel wie nötig. Dadurch wirken Sie autoritär, charismatisch und souverän.

KEIN X FÜR EIN U: TÄUSCHUNGEN ENTLARVEN

Als ich mein erstes Theaterprogramm konzipierte, versuchte ich im zweiten Teil nach der Pause noch einen Moment einzurichten, der meinen Zuschauern Zeit zum Zurücklehnen und Durchatmen geben sollte. Einen Moment, in dem das Tempo ein wenig reduziert wurde, um später ein schnelles und starkes Finale abzufeuern. Ich entschloss mich deshalb, einer Zuschauerin aus der Hand zu lesen und dabei ihre Charaktereigenschaften zu beschreiben. Diese Sequenz dauerte zwischen drei und fünf Minuten. Nach meinen ersten Vorstellungen war ich sehr erstaunt, dass mich viele genau auf diesen Moment ansprachen. Die Tatsache, dass ich eine völlig fremde Person treffend charakterisieren konnte und sogar Details aus ihrer Vergangenheit «wusste», wirkte auf viele Menschen nachhaltig. Ich hatte die Wirkung des Handlesens offenbar stark unterschätzt.

An dieser Stelle möchte ich Ihnen ein Geheimnis verraten: Ich habe weder die Charaktereigenschaften, die ich nannte, verändert, noch habe ich mir jeden Abend andere mögliche Details aus der Vergangenheit meiner Zuschauer ausgedacht. Meine Aussagen waren jeden Abend Wort für Wort identisch.

Das erinnert mich an ein Experiment von Professor Bertram Forer. Dieser Versuch machte ihn schlagartig berühmt. Forer beschäftigte sich Ende der vierziger Jahre intensiv mit der Persönlichkeitsstruktur des Menschen. Nachdem er eines Abends in einer Kneipe einen Menschen getroffen hatte, der für Geld Handschriften analysierte und daraus die Charaktereigenschaften des Schreibers ableitete, ließ ihn dieses Thema nicht mehr los. Forer wollte wissen, warum die Leute derart fasziniert von Schrift- und Handanalysen sowie von Horoskopen und dem Kartenlegen waren. Von der Begegnung mit dem Schriftexperten inspiriert, hatte Forer die Idee zu folgendem Experiment: Der Professor ließ seine Studenten einen Persönlichkeitstest ausfüllen und abgeben. Eine Woche später händigte Forer ihnen die Testergebnisse aus. Jeder erhielt einen Umschlag mit einer ganz persönlichen Beschreibung seiner Charaktereigenschaften. Der Charakter des jeweiligen Studenten wurde derart akkurat beschrieben, dass der Großteil von ihnen förmlich fassungslos war! Nach meiner Einführung erahnen Sie die Pointe der Geschichte vielleicht schon: Auch Forer händigte sämtlichen Studenten Wort für Wort denselben Text aus! Und zwar folgenden:

Die Forer-Charakteranalyse

Sie wünschen sich, dass andere Leute Sie mögen und bewundern, und dennoch sind Sie auch selbstkritisch. Auch wenn Sie einige persönliche Schwächen haben, so haben Sie gelernt, diese auszugleichen. Sie verfügen über jede Menge ungenutztes Potenzial, das Sie noch nicht voll ausschöpfen. Auch wenn Sie nach außen stets gefasst und diszipliniert wirken, fühlen Sie sich manchmal unsicher und sind besorgt. Es gibt Zeiten, zu denen Sie sich fragen, ob Sie das Richtige getan und die richtige Entscheidung getroffen haben. Sie mögen ein gewisses Maß an Veränderungen und sind unzufrieden, wenn man Sie einengt und behindert. Auf Ihre freie Art zu denken sind Sie stolz, und Sie hinterfragen die Behauptungen anderer. Allerdings haben Sie gelernt, dass es unklug ist, anderen gegenüber zu offen zu sein. Wenn die Bedingungen stimmen, dann können Sie gut auf andere zugehen, wenn die Bedingungen nicht stimmen, sind Sie in sich gekehrt und zurückgezogen. Einige Ihrer Wünsche und Sehnsüchte sind recht unrealistisch.

Sicherlich werden Sie jetzt denken, dass dieser Text Sie nicht im mindesten beeindrucken würde. Stellen Sie sich aber vor, Sie hätten vorab einen Persönlichkeitstest ausfüllen müssen und daraufhin dieses Ergebnis von Ihrem Professor erhalten. Denken Sie an Penn und Teller, die einen weißen Kittel anzogen und so einen Messingring teurer verkaufen konnten als üblich. Oder an die Zimmermädchen, die ihr Gewicht reduzierten, nachdem Experten ihnen gesagt hatten, dass man beim Aufräumen Fett verbrenne. Der Professorentitel allein reicht in einem solchen Fall oft schon aus, um eine Suggestion wirksam werden zu lassen.

Forer hat seine Neugierde auf die Reaktion der Probanden gestillt und uns eine wichtige Erkenntnis geliefert: Eine Charakteranalyse – inklusive Handlesen, Astrologie und Horoskop – muss nicht auf Sie persönlich zutreffen, um zu passen. Es reicht vollkommen, wenn Sie denken, die Aussagen träfen zu. Sagen Sie nur die richtigen Worte, dann wird Ihr Gegenüber Ihnen glauben, und Sie erhalten möglicherweise erst dann tiefe Einblicke in seinen Charakter. Es gibt eine Psychotechnik, die genau das kann. Diese wird von Scharlatanen und Hokuspokus-Hellsehern gern benutzt.

An dieser Stelle möchte ich erneut eines unterstreichen: Ich zeige meine Effekte, um Menschen zu unterhalten! Sicherlich habe ich viele Dinge gelernt, von denen manche Leute mit gewöhnlichen Berufen noch nie etwas gehört haben. Dadurch sind meine Experimente nicht für alle nachvollziehbar. Die Tatsache, dass die meisten Menschen nicht wissen, wie ich etwas mache, bedeutet noch lange nicht, dass diese Dinge nicht auf nachvollziehbare Weise gemacht werden können. Das ist nichts Übernatürliches. Das Erstaunliche daran ist nur, dass andere nicht wissen, wie es funktioniert.

Im Kapitel «Der Körper verrät unsere Gedanken» habe ich beschrieben, wie sich ein negativer Gedanke auf unseren Körper auswirkt. Ich weiß auch nicht genau, warum das so ist. Das bedeutet aber nicht, dass es nicht so ist. Ein anderes Beispiel: Damit wir uns eine Liste von Gegenständen besser merken können, können wir die Dinge mit Bildern verknüpfen. Denn das Gehirn kann sich Bilder leichter merken. So behalten wir alles im Kopf und können etwa auf eine Einkaufsliste verzichten. Dass diese Methode funktioniert, ist unstrittig. Aber warum sie funktioniert, kann die Gehirnforschung nur zum Teil erklären. Fakt ist: Man kann diese Tatsache beschreiben und beweisen, dass es so ist, aber nicht erklären.

Zurück zur besagten Technik: Hierbei handelt es sich um eine sehr clevere, psychologisch ausgefeilte Strategie. Sie verwendet verschiedene verbale Methoden, um einem fremden Menschen das Gefühl zu vermitteln, ihn gut zu kennen. Die Technik selbst ist weder gut noch schlecht. Der Benutzer entscheidet, ob er sie für sinnvolle oder fragwürdige Zwecke einsetzt. Viele Menschen in sozialen oder in Heilberufen benutzen intuitiv Aspekte davon, um anderen zu helfen.

Ich beschreibe diese Methoden hier aus zwei Gründen: Einerseits können Sie diese Technik benutzen, um andere für sich zu gewinnen – andererseits können Sie sich gegen diese Methoden besser wehren, wenn Sie wissen, wie sie funktionieren. Allen, die sich mit dem Thema weiter auseinandersetzen wollen, rate ich, das Buch «The Full Facts Book of Cold Reading» von Ian Rowland zu lesen. Alles Wesentliche zu diesem Thema wird hier sehr gut beschrieben. Sein Verdienst ist es, zu schildern, wie professionelle Wahrsager und Kartenleger diese Technik nutzen, um ihre Klienten hinters Licht zu führen. Ich will mich hier ganz bewusst auf die Strategien beschränken, die Sie im Alltag, insbesondere im Geschäftsleben, anwenden können. Die hier vorgestellten Methoden stammen alle von Rowland, und sie sind völlig legitim, wenn man sie in guter Absicht anwendet.

Zunächst sollten Sie – zumindest anfänglich – zur Übung immer ein Referenzsystem benutzen. So haben Handlesen und Schriftanalyse bei mir eines gemeinsam: Die Aussagen, die hier über den Charakter des Menschen getroffen werden, werden nicht willkürlich so formuliert. Ihnen liegt ein sinnvolles Referenzsystem zugrunde. Denkbar sind Handschrift- und die Handlinienanalyse, aber auch Bestimmungen über Sternzeichen, Karten, Pendel, Farbtheorien usw. Der Phantasie sind dabei keine Grenzen gesetzt. Ein Beispiel: Mein Freund Professor Dr. Toni Forster, ein Psychologe, erzählte mir von einem Mann, der keine Lust mehr auf seinen Job als Metzger hatte und begann, Leuten aus der Kniescheibe zu lesen! Andere erfinderische Scharlatane lasen Charaktereigenschaften sogar aus der Form des Busens! Das Leben kann so schön sein.

Nehmen wir doch mal Ihre Intuition als Referenz. Sicher sind Sie mit einer gesunden Portion Menschenverstand ausgestattet. Sie bilden sich Ihr Urteil darum manchmal spontan aus dem Bauch heraus, manchmal aber auch erst nach reiflichen Überlegungen.

Der intuitive Test

Machen Sie selbst jetzt bitte einen Test. Bitte vertrauen Sie dabei allein Ihrer Intuition, Ihrem Bauchgefühl! Auf der nächsten Seite befindet sich eine Zeichnung, auf der zwei Dinge abgebildet sind. Blättern Sie noch nicht um, sondern stellen Sie sich bitte vor, Sie sind zu Hause und schauen aus dem Fenster. Bitte tun Sie das nur in Ihren Gedanken und noch, während Sie diese Zeilen lesen. Was sehen Sie jetzt vor Ihrem geistigen Auge? Sehen Sie das Bild wirklich vor sich und denken Sie an zwei Sachen, die Sie dort sehen. Bitte blättern Sie jetzt eine Seite weiter und schauen Sie nach, wie gut Ihre Intuition war.

Nachdem Sie sich für ein Referenzsystem entschieden haben, sollten Sie wählen, welche Themen Sie im Gespräch mit Ihrem Gegenüber anschneiden. Wir alle denken, wir seien unabhängige Individuen und würden ganz eigene Entscheidungen treffen. Das stimmt nur bedingt. Die Tatsache, dass viele Dinge für die Mehrheit von uns gelten, ist ein Umstand, den wir nutzen können. Zunächst gibt es insgesamt sieben Hauptthemen, die jeden Menschen interessieren. Wenn Sie diese sieben Themen anschneiden, wecken Sie in der Regel Interesse bei Ihrem Gegenüber. Diese Themen sind:

- Liebe, Beziehung zum Partner, Sex
- Geld
- Beruf
- Gesundheit
- Reise
- Wissen und Wissenserwerb
- Hoffnungen, Glück, Wünsche und Pläne für die Zukunft

Die Themengebiete Liebe, Geld, Beruf und Gesundheit werden gewöhnlich für wichtiger genommen als die restlichen drei. Wenn Sie mit jemandem ins Gespräch kommen möchten, können Sie sich immer auf eines dieser Themen stürzen. Aber Vorsicht: Sex ist vielleicht nicht das beste Thema, um in ein Gespräch einzusteigen. Das Thema kann im richtigen Moment aber durchaus zutreffend sein und den Nagel auf den Kopf treffen. Eine weitere Tatsache, auf die Sie bewusst abzielen sollten, besteht darin, dass jeder Mensch sehr gern über sich selbst redet. Wenn Sie den Eindruck erwe-

cken, dass Sie Ihr Gegenüber mit jedem der oben genannten Themen erreichen und einschätzen können, hinterlassen Sie in jedem Fall einen bleibenden Eindruck.

Der amerikanische Autor Neil Strauss gibt in seinem Buch «Die perfekte Masche» einen Leitfaden, wie man Frauen am besten anmacht. Er betont darin, dass die von ihm perfektionierte Masche wirklich sehr zuverlässig sei. Mit ihr habe er jede Frau dazu bekommen, ihm ihre Telefonnummer zu geben, und fast alle, die er begehrte, seien schließlich mit ihm ins Bett gegangen. Er setzte auf psychologisch ausgefeilte Strategien per Sprache und Körpersprache, verbunden mit verbalen Kontrolltechniken. Kommt Ihnen das irgendwie bekannt vor?

Neben den genannten Hauptthemen gibt es weitere Aspekte, die Sie in einem Gespräch ansprechen sollten:

- die Charaktereigenschaften Ihres Gegenübers,
- private Verhältnisse.

Wenn Sie den Eindruck haben, dass Sie die wichtigsten Themen abgehandelt haben, beginnen Sie, den Charakter Ihres Gegenübers zu beschreiben sowie einige private Details über diese Person herauszufinden.

WIDERSPRUCH IN EINEM SATZ

«Sie sind ein sehr aufgeschlossener Mensch, der sehr gut auf andere zugehen kann. Sie mögen den Umgang mit Menschen und wissen ein gutes Gespräch zu schätzen – aber nur, wenn die Grundlagen stimmen. Wenn die Atmosphäre nicht stimmt, können Sie sich auch sehr in sich gekehrt und eher introvertiert zeigen.»

Kein Mensch wird den oben stehenden Ausführungen widersprechen. Keiner sagt von sich selbst, dass er ein gutes Gespräch nicht schätze und andere Menschen nicht mag. Das Praktische an dieser Technik liegt in der Tatsache, dass Sie Ihrem Gesprächspartner einfach einen universellen, aber wohlüberlegt wirkenden Satz servieren und er selbst sich aussucht, was genau davon zu ihm passt, ohne dass ihm das bewusst ist. Achten Sie darauf, dass Sie bei einer solchen Aussage nie zu konkret werden. Nennen Sie nie präzise Einzelheiten. Lassen Sie vieles offen, damit Sie flexibel reagieren können. Halten Sie diverse Charakterpaare vorrätig: Fleißig – entspannt, aufmerksam – träumerisch, skeptisch – offen sollten in jedem Fall dazugehören. In der richtigen Gesprächssituation werden Ihnen dann sicher die optimalen einfallen.

KOMPLIMENTE MACHEN

Sehr wichtig ist, dass Ihr Kompliment unbedingt zu Ihrem Gegenüber passt und nicht als Einschleimerei wahrgenommen wird. Rowland beschreibt wunderbar subtil, wie Sie diese Schleim-Klippe elegant umschiffen können. Sie setzen Ihr Kompliment stets in Beziehung zu anderen. Anstatt zu sagen *«Sie sind ein sehr offener Mensch»*, führen Sie aus: *«Ich habe den Eindruck, dass Sie eine offenere Einstellung haben als die meisten anderen Menschen. Diese positive Haltung ist sicher schon ausgenutzt worden, dennoch sind Sie dabeigeblieben, weil es sich für Sie richtig anfühlt und Sie wissen, dass Sie langfristig gut damit fahren werden. Ihre gute Einstellung hat Ihnen schon öfter genutzt als geschadet.»* Vergleichen Sie niemanden mit einer speziellen Person oder Personengruppe. Damit begäben Sie sich auf Glatteis.

Hand aufs Herz: Würden Sie widersprechen, wenn Ihnen jemand ein solches Kompliment machte? Auch wenn wir es uns nur ungern eingestehen, wir hören sehr gern, wenn uns jemand ein Lob ausspricht.

BELOHNUNGEN GEBEN

Eine sehr subtil eingesetzte Technik! Denn hierbei handelt es sich um eine Verstärkung, die der Gesprächspartner erntet, wenn er Ihnen etwas glaubt. Angenommen, Sie wollen einen DVD-Player kaufen. Sie wissen aber nicht, welcher der beste ist. Der Verkäufer sagt Ihnen: *«Ich habe den Eindruck, dass dieses Gerät genau das richtige für Sie ist. Es hat eine Reihe von Zusatzfunktionen, die kein Mensch begreift. Normalerweise ist es schwierig, das meinen Kunden zu erklären, da ich aber sehe, dass Sie schnell verstehen, zeige ich Ihnen ein paar davon, wenn Sie möchten ...»*

Diesen Effekt können Sie auch nutzen, um zögerliche Menschen auf Ihre Seite zu ziehen: *«Ich habe den Eindruck, dass sich etwas in Ihnen gegen das sträubt, was ich Ihnen hier sage. Das ist sehr bedauerlich. Wenn Sie diesen unbegründeten inneren Widerstand einmal kurz beiseitelassen könnten, sähen Sie, was Ihnen dadurch entgeht. Schauen Sie einfach mal ganz sachlich auf dieses Angebot. Sie werden sehen, es ist sehr gut.»*

LEBENSPHASEN NUTZEN

Beziehen Sie sich auf verschiedene Phasen im Leben, die jeder Mensch durchmacht – je nach Alter Ihres Gesprächspartners. *«Fragen Sie sich nicht auch manchmal, was aus Ihren großen Plänen und Träumen von früher geworden ist? Hatten Sie nicht auch früher ganz andere Vorhaben und dachten, Ihnen gehöre die Welt? Ich habe den Eindruck, dass Sie manchmal ganz von vorne anfangen möchten und dieses Mal einige Dinge anders machen würden.»*

Oder: *«Haben Sie nicht auch manchmal den Eindruck, dass Ihren Ideen und Vorschlägen nicht die richtige Aufmerksamkeit geschenkt wird? Manchmal ist es ein Kampf, den Leuten zu zeigen, was wirklich in uns steckt. Sie wissen sehr genau, dass Sie immer noch viel Neues lernen können, und verwenden viel Zeit, um Unbekanntes zu erfahren und auf dem neuesten Stand zu sein. Allerdings: Es wird immer Leute geben, die nicht schätzen, was Sie wirklich beitragen.»*

WAS WÄRE, WENN ...

Diese Vorgehensweise ähnelt der Technik «Lebensphasen nutzen». In unserem Leben treffen wir ständig Entscheidungen. Da ist es völlig normal, dass wir uns ab und zu fragen, was passiert wäre, wenn wir uns zu einem bestimmten Zeitpunkt anders entschieden hätten. Angenommen, Sie begegnen jemandem, der dem ersten Eindruck nach ein erfolgreicher Geschäftsmann zu sein scheint. Zu diesem Menschen könnten Sie dann etwa Folgendes sagen: *«Ich habe den Eindruck, Sie sind ein echter Macher, der die Dinge anpackt. Daher haben Sie es weit gebracht und viele Ihrer Ziele erreicht. Das hat natürlich auch seine Schattenseiten. Manchmal sehnen Sie sich sicher nach mehr Zeit für Ihre Familie, Ihre Freunde und Ihre Hobbys. Ich würde nicht so weit gehen und Ihnen unterstellen, dass das für Sie ein echtes Problem wäre, aber es beschäftigt Sie schon von Zeit zu Zeit. Oder? Ab und zu fragen Sie sich: ‹Was wäre heute, wenn ich ein wenig Energie aus meinem Berufsleben in meine privaten Wünsche gesteckt hätte?›»*

Bei einer Hausfrau könnte dasselbe Statement wie folgt aussehen: *«Sie sind der Typ Mensch mit viel Geschmack, der gern zu Hause ist. Sie wissen, wie Sie anderen ein schönes Heim bereiten können. Das ist eine Stärke von Ihnen, und fürsorglich sein, das können Sie im Vergleich zu vielen anderen sehr gut. Das hat natürlich auch seine Schattenseiten. Es gibt Momente, da wünschen Sie sich mehr Zeit für sich und für Ihre persönlichen Projekte. Das ist kein echtes Problem für Sie, glaube ich, aber dieser Gedanke beschäftigt Sie schon ab und an. Dann fragen Sie sich, was heute wäre, wenn Sie ein bisschen mehr Energie in Ihre beruflichen Ambitionen gesteckt hätten.»*

IMMER WIEDER GERN GEHÖRT

Der Psychologe Paul Meel war fasziniert von Forers Studie. Erinnern Sie sich? Die, bei der alle Mitwirkenden denselben Text als Charakteranalyse bekommen haben. Er formulierte Forers Text um und stellte Aussagen auf, die er «Barnum-Statements» nannte. Phineas Taylor Barnum war ein amerikanischer Zirkusdirektor, der mit seinen unglaublich packenden Anpreisungen enorm viele Menschen dazu brachte, in seinen Zirkus zu kommen. Die Barnum-Statements sind somit Sätze, bei denen sich die Mehrzahl der Menschen sofort angesprochen fühlt. Dazu zählen:

- «Sie haben manchmal den Eindruck, in Ihnen stecke noch viel ungenutztes Potenzial.»
- «Manchmal fühlen Sie sich ungerecht behandelt, weil Ihre Kollegen, Ihre Freunde oder Ihr Partner Sie unterschätzen und Ihre Arbeit nicht ausreichend würdigen.»
- «Einige Ihrer Hoffnungen scheinen unrealistisch zu sein, obwohl sie überaus berechtigt sind.»

Diese Sätze eignen sich hervorragend, um schnell eine Verbindung zu Ihrem Gesprächspartner aufzubauen. Allerdings besteht die Gefahr, dass sie sehr schnell als Allgemeinplätze erkannt werden. Daher sollten Sie sie vorsichtig einsetzen. Rechnen Sie mit der Möglichkeit, dass Ihr Gegenüber ein solches Statement ganz klar verneint. Als Gegenmaßnahme nennt Rowland eine der besten Techniken, die ich überhaupt kenne: das sogenannte Forking, zu Deutsch Aufgabeln:

Aussage: *«Sie sind sehr selbstkritisch.»* Angenommen, Ihr Gegenüber scheint diesem Satz zuzustimmen. Dann können Sie Stufe zwei wählen und den Satz weiter verstärken: *«Manchmal gehen Sie mit sich selbst zu hart ins Gericht und* ärgern sich über kleine Fehler, über die sich andere Menschen noch nicht mal Gedanken machen würden. In dieser Hinsicht stehen Sie sich ab und zu selbst im Weg.»

Falls Ihr Gegenüber das Statement offensichtlich ablehnt, argumentieren Sie in der anderen Richtung weiter und sagen Folgendes: *«Allerdings haben Sie gelernt, diese selbstkritische Seite in sich zu überwinden. Sie sind deshalb mit sich selbst im Reinen und können sehr genau einschätzen, was Sie gut können und was nicht.»*

Behalten Sie Ihr Gegenüber im Auge und entscheiden Sie anhand seiner Reaktion, ob Sie die genannten Charakterzüge danach mit weiteren Sätzen verstärken oder mindern. Und zwar mit neuen interessanten Barnum-Statements:

- «Sie haben eine Narbe an Ihrem linken Knie.»
- «Sie haben in letzter Zeit von jemandem geträumt, den Sie schon lange nicht mehr gesehen haben.»
- «In Ihrer Hausnummer befindet sich die Ziffer 2.»
- «Ihr Auto hat die Farbe Blau.»
- «Die Uhr, die Sie tragen, war ein Geschenk.»

So unglaublich es auch scheinen mag, diese Sätze treffen auf die Mehrzahl Ihrer Mitmenschen zu!

INFORMATIONEN: DAS A UND O DES GEDANKENLESENS

Erinnern Sie sich an mein Beispiel aus dem ersten Kapitel, bei dem ich erraten hatte, dass eine Frau Geige spielt? Ich habe sie beobachtet, ein charakteristisches Merkmal entdeckt und mich an die Tatsache, dass die Dame Geige spielt, herangetastet. Ich hätte auch falschliegen können, habe mir aber so oft eine Rückbestätigung eingeholt, dass ich sicher sein konnte.

Damit kommen wir zum wichtigsten Mittel der Informationsbeschaffung: die Frage. Wäre ich nicht systematisch Schritt für Schritt vorgegangen, wäre ich mit meinen Behauptungen nie so weit gekommen. Eine sinnvolle Frage ist die beste und effektivste Methode, um etwas über mein Gegenüber zu erfahren. Es ist tatsächlich so einfach. Ian Rowland beschreibt sehr schön, wie eine solche Frage immer wieder modifiziert und ergänzt werden kann, um noch mehr über die jeweilige Person zu erfahren und dabei den Eindruck zu erwecken, nie eine Frage gestellt zu haben.

Stellen Sie sich vor, Sie können nicht einschlafen. Um sich abzulenken, schalten Sie nachts den Fernseher ein und zappen durch die einzelnen Kanäle. Nachdem Sie genug von nackten Spielleiterinnen auf Neun live haben und Bob Ross wieder eine seiner Landschaften auf die Leinwand gezaubert hat, entscheiden Sie sich, auf den Kinderkanal zu schalten. Sie sind entsetzt: Auf dem Sendeplatz laufen um diese Zeit Sendungen, bei denen Kartenleger oder Menschen, die mit Engeln reden können, ihre Künste anbieten! Sie müssen nur anrufen – und damit sehr viel Geld zahlen –, und schon gibt Ihnen eine allwissende Dame oder ein selbsternannter Hellseher mit schwäbischem Akzent von seinem in ein TV-Studio umgewandelten Wohnzimmer aus eine Antwort auf die Frage Ihres Lebens. Einmal habe ich miterlebt, wie ein solcher Mann einer Dame mit Gewichtsproblemen erzählte, sie ernähre sich falsch und müsse ihre Ernährung umstellen. Wer sonst, wenn nicht dieser Hellseher, wäre noch zu einer derart originellen und bahnbrechenden Einsicht gelangt? Mir persönlich dreht sich nach kürzester Zeit des billigen Amüsements bei einer solchen Sendung der Magen um. Nicht nur, dass hier armen und verzweifelten Menschen das Geld aus der Tasche gezogen wird, nein, teilweise sind die Ratschläge auch grob fahrlässig.

Vielleicht hat die besagte Dame von einem Fachmann gerade einen neuen Diätplan aufgestellt bekommen. Und sicher ist dieser genau der richtige für sie, und nun soll sie ihn aufgeben, weil ein Mann aus dem Fernsehen es besser wissen will? Ich war kürzlich beim Kinderkanal zu Gast und habe mich dort lange mit einer Redakteurin über diese Hellseher-TV-Sendungen unterhalten. Die Redakteurin stimmte mir zu und erklärte, sie könnten offensichtlich nichts dagegen tun, dass ihre Frequenz nachts auf diese Weise benutzt würde. Immer wenn ich meine Zweifel an der Seriosität solcher Leute äußere, dann erzählen mir die Leute postwendend von unglaublichen Enthüllungen und von Einsichten, die sie durch Kartenleger bekommen hätten. Ich möchte die Seriosität von Kartenlegern auch nicht pauschal in Frage stellen! Es gibt viele Menschen, die sich ernsthaft mit Systemen wie Handlesen und Tarot auseinandersetzen und so Lösungsvorschläge für sich und andere finden. Dagegen ist überhaupt nichts einzuwenden, und wenn Ihnen diese Systeme helfen, nutzen Sie sie. Was mich allerdings wirklich verärgert, ist, dass genau diese Menschen von Scharlatanen ausgenutzt werden.

Zurück zur Fragetechnik. Gute Hellseher fragen nicht plump, sondern überaus geschickt. Sehr oft bedienen sie sich einer Frageform, die Rowland als «Incidental Questions» bezeichnet. Das sind Fragen, die sich sehr unverbindlich anhören, aber sofort die zentrale Sache treffen. Anstatt zu fragen: «Wer steht Ihnen nahe?», wird die Frage in einen Rahmen gesetzt: «Ich sehe einen Menschen, der Ihnen bereits geholfen hat und dem Sie vertrauen können, wer könnte das sein?» Oder: «Ich sehe, Sie hatten bereits gesundheitliche Probleme, welcher Art waren diese Probleme?» Das ist viel überzeugender, als einfach nur zu fragen: «Waren Sie schon mal ernsthaft krank?» Dank Forking ist die Antwort dann egal. Der Fragende will sich hauptsächlich selbst in Szene setzen. Alles, was er sagt, soll implizieren, dass er im Besitz des Herrschaftswissens ist. Auch hier können Sie das Zauberwort «oder» wieder einsetzen.

Angenommen, Sie wollen wissen, welches Auto Ihr Gegenüber fährt, fragen Sie von jetzt an nicht mehr einfach: «Welches Auto fahren Sie?», sondern schauen Sie sich diesen Menschen ganz genau an und überlegen Sie sich, welches Auto zu ihm passen würde. Ihre Intuition wird Ihnen die richtige Antwort weisen – und dann sagen Sie: *«Sie fahren aber keinen Porsche, oder?»* Der Satz muss von der Betonung her wie eine Aussage klingen, das «oder» wird nicht am Ende nach oben gezogen, sondern genauso schnell und laut gesprochen wie der Rest des Satzes. Jetzt gibt es zwei Möglichkeiten. Entweder, Ihr Gesprächspartner fährt wirklich einen Porsche – dann wird er wahrscheinlich sehr erstaunt sein. Oder er fährt keinen Porsche. In den seltensten Fällen wird dieser Mensch dann einfach nur nein sagen, sondern er wird immer versucht sein, seine Antwort zu erklären: «Ja, so viel Geld würde ich nie für ein Auto ausgeben.» oder «Ich wollte schon immer einen Sportwagen fahren, konnte es mir bisher aber noch nicht leisten.» oder «Ich hatte mal einen Porsche, jetzt fahre ich lieber gemütlich.» Usw. Durch Ihre geschickte Fragestellung haben Sie jetzt viel über den Fahrer erfahren! Mich verblüfft der Effekt selbst immer wieder. Schenken Sie seinen Aussagen die höchste Beachtung. Nur so können Sie Ihre Ausführungen daraufhin passgenau ausrichten.

Angenommen, Sie werden auf einer Party jemandem vorgestellt. Sie beginnen eine lockere Konversation und erfahren, dass Ihr Gegenüber in einem Fitnessstudio arbeitet. Jetzt haben Sie eine ganz klare Aussage. Aufgrund Ihrer Erfahrung können Sie nun abschätzen, dass dieser Mensch höchstwahrscheinlich folgende Eigenschaften hat: Er ist selbstbewusst, hat Sinn für Schönes, ist gesundheitsbewusst und diszipliniert, trinkt wenig Alkohol. Da die Person viel Sport treibt, ist sie wahrscheinlich auch gesellig und schaut wenig fern. Nicht alle dieser Vermutungen werden zutreffen, aber mit den richtigen Fragetechniken – und die kennen Sie ja jetzt – werden Sie schnell herausfinden können, welche zutreffen.

Unterschätzen Sie die Wirkung dieser Strategien nicht. In meinem Theaterprogramm und in meinen Vorträgen erziele ich damit sehr starke Reaktionen. Wenn Sie alles richtig machen, werden fast nur Ihre Treffer in Erinnerung bleiben. Das liegt unter anderem daran, dass wir alle selektiv zuhören: Was uns wichtig ist, darauf gehen wir ein, den Rest blenden wir aus. Das Geheimnis der Scharlatane besteht darin, genau die Worte zu finden und die Themen anzusprechen, die für den anderen in diesem Moment von enormer Bedeutung sind wie Liebe, Geld oder Reisen. Außerdem sind sie extrem gute Zuhörer. Das ist ihr Kapital. Viele Menschen, die in Heil- oder in seelsorgerischen Berufen arbeiten, haben auch diese Fähigkeit, intuitiv genau die treffenden Worte zu den richtigen Themen zu finden. Allein schon dadurch geht es den Patienten besser. Sie fühlen sich beachtet. Achten Sie darauf, dass Ihre Aussagen den anderen so darstellen, wie er sich wahrscheinlich selbst sieht – und nicht, wie Sie ihn sehen. Dadurch, dass die Welt das ist, wofür Sie sie halten, holen Sie Ihr Gegenüber genau da ab, wo es sich gerade befindet. Verlassen Sie sich auf Ihre Intuition und beobachten Sie Veränderungen beim Gesprächspartner. Dann werden Sie schell erkennen, wann Sie einen Treffer gelandet haben und welche Themen Sie vertiefen können.

Im Gegensatz zu den Aussagen von Bertram Forer auf Seite 141, geht es hier um freies Improvisieren mit verschiedenen Techniken. Dazu brauchen Sie wie beim Musikmachen Bauchgefühl und Erfahrung.

Viel kann man auch vom Äußeren einer Person ableiten, davon haben wir schon gesprochen (vgl. Kapitel eins, Seite

17ff.). Aber Achtung, Falle: Genauso haben auch Scharlatane mal recht. Klischees sind immer ein gefährliches Pflaster. Zum Üben gebe ich Ihnen noch zwei Tipps, die mir anfangs sehr gut weitergeholfen haben:

- Überlegen Sie, ob Ihr Gegenüber Sie an jemanden erinnert, den Sie bereits kennen. Falls das so ist, beschreiben Sie diese Person.
- Stellen Sie sich das genaue Gegenteil der Person vor, die vor Ihnen steht. Dann sagen Sie, dass es im Leben des anderen eine Person gibt, mit der er überhaupt nicht zurechtkommt. Dabei beschreiben Sie die gegenteilige Person.

Mit diesem Kapitel mache ich mir sicher nicht nur Freunde. Einige Menschen, die von diesen Techniken wissen, sind der Ansicht, sie sollten weiter geheim gehalten werden. Ich bin anderer Meinung. Lassen Sie mich dieses Kapitel mit den Worten von Dr. Serge Kahili King beenden: «... *macht jedoch kein Geheimnis aus Wissen, das helfen und heilen kann. Die Schwierigkeit besteht nicht darin, Wissen geheim zu halten, sondern die Menschen dazu zu bewegen, es zu verstehen und zu gebrauchen. Was den Missbrauch angeht, so erwächst er allein aus Unwissenheit. Je mehr jedermann weiß, wie Dinge zu verändern sind, desto weniger Verlockung und Gelegenheit wird es geben, das Wissen zu missbrauchen. Weitverbreitetes Wissen hat tatsächlich mehr Macht als Geheimnisse, die unter Verschluss gehalten und ungenutzt bleiben. Geheim gehaltenes Wissen ist etwa ebenso nützlich wie das Geld unter der Matratze des Geizigen. Die Heiligkeit des Wissens liegt nicht darin, dass es einigen wenigen vorbehalten ist, sondern in seiner Zugänglichkeit für viele.*»

Bitte tun Sie sich und anderen den Gefallen und missbrauchen Sie Ihr Wissen nicht. Andernfalls machen Sie sich zu jemandem, dem man nicht vertrauen kann. Und Vertrauen ist die Basis, um sich in andere so einzufühlen, dass man deren Gedanken und Beweggründe erkennt. Wenn Sie jedoch von nun an schneller mit Menschen ins Gespräch kommen und dabei bleibenden Eindruck hinterlassen, dann ist die Methode bei Ihnen in guten Händen.

KAPITEL VIER
ES GIBT KEINE GRENZEN: EIN MENTALTRAINING

Wenn Sie mit Ihrer Lektüre bis hierher gekommen sind, dann hat es sich bei Ihnen vielleicht schon tief eingegraben, dass Gedanken direkte Auswirkungen auf unseren Körper haben. Und umgekehrt. Das sind schließlich die grundlegenden Verknüpfungen und Erkenntnisse dieses Buchs. Daher folgt logischerweise auch: Zwischen Geist und Körper existieren keine Grenzen.

Vor einigen Jahren las ich im Magazin *Der Spiegel* von einer Studie, in der Menschen mit gebrochenem Arm gebeten wurden, trotz dieses Handicaps in Gedanken Muskeltraining mit dem eingeschränkten Arm zu machen. Nachdem der Gips abgenommen worden war, war das Ergebnis augenfällig: Der kranke Arm zeigte bei ihnen fast keinen Muskelschwund, wogegen sich die Muskeln bei Patienten, die diese Übung nicht gemacht hatten, stark zurückgebildet hatten. Das ist ein sehr faszinierendes Beispiel für das Zusammenspiel von Körper und Gehirn. Ein Spiel ohne Grenzen. Für unseren Kopf gelten keine Naturgesetze. Das zeigt auch ein Experiment, das wir früher im Schullandheim gern gemacht haben. Ich bin sicher, Sie haben schon davon gehört.

Das Schullandheim-Experiment

Sie brauchen insgesamt fünf Personen. Sie sollten ungefähr gleich groß sein. Eine Person nimmt auf einem Stuhl Platz. Nehmen wir an, sie heißt Marlena. Jetzt sollen die vier stehenden Personen ihre Hände falten und die Sitzende mit ihren ausgestreckten Zeigefingern unter den Achseln und an den Kniekehlen fassen und versuchen, sie hochzuheben: Es wird ihnen nicht gelingen. Daraufhin sollen sich die vier Stehenden versammeln und ihre rechte Hand über den Kopf der sitzenden Person halten. Dabei sollen die Hände übereinander zu einem Turm aufgestapelt werden. Dann das Gleiche mit den linken Händen. Ist das ausgeführt, sagen Sie: «Ich zähle gleich bis drei, und bei jeder Zahl fühlt ihr euch stärker. Marlena fühlt sich leichter und leichter. Sobald ich bei drei angekommen bin, hebt ihr Marlena hoch. Es wird euch gelingen! Das ist sicher. Eins, zwei, drei – los!»

Die vier werden Marlena hochheben können! Ich weiß nicht genau, warum die Sache funktioniert. Aber dieser Versuch ist schon alt. Als ich ihn mit meinen Mitschülern durchgeführt habe, war er schon lange bekannt. Ich kenne seinen Ursprung nicht. Ich weiß nur, dass der Test nicht klappt, wenn eine der vier Personen nicht an das sichere Gelingen glaubt. Es ist die mentale Kraft, die hier wirkt und die Grenzen in unserem Kopf überwindet.

Genau das passiert auch jedes Mal, wenn unsere Intuition, unser Bauchgefühl, uns etwas mitteilt und wir diesem Gefühl nachgeben. Sehr oft behalten wir recht mit diesem Vorgehen, und vieles, was noch vor einigen Jahren als esoterischer Quatsch abgetan wurde, konnte zwischenzeitlich wissenschaftlich nachgewiesen werden. Gerade die Gehirnforschung hat in den letzten Jahren Quantensprünge gemacht. Wer sich insbesondere für das Thema «Intuition» interessiert, dem sei das Werk «Blink!» von Malcolm Gladwell empfohlen. Er belegt, wo die Intuition nachweislich dem Verstand überlegen ist.

Eine der schönsten Geschichten in diesem Zusammenhang stammt von meinem guten Freund und Kollegen Markus Beldig, der sein Abendprogramm als Mentalist mit einer Geschichte beginnt. Es ist eine wahre Story: «Eine Kleinstadt in den USA. Ein Streifenpolizist hat gegen 19 Uhr Dienstschluss und geht in die örtliche Shoppingmall, um etwas fürs Abendessen einzukaufen. Nachdem er seinen Wagen auf dem öffentlichen Parkplatz abgestellt hat, steigt er aus und geht hinein. Auf dem Weg beobachtet er ein Auto, das ihm irgendwie seltsam vorkommt. Der Polizist hat keine Ahnung, was damit nicht stimmt, aber sein Bauchgefühl sagt ihm, dass dieser Wagen etwas Merkwürdiges an sich hat. Er ruft seine Kollegen auf dem Revier an und lässt ihn überprüfen. Nach einigen Minuten kommt der Rückruf und bestätigt die Vorahnung des Polizisten: Die Nummernschilder gehören nicht zu diesem Fahrzeugtyp und wurden am Nachmittag als gestohlen gemeldet. Durch den Anruf alarmiert, machen sich einige Polizisten sofort auf den Weg dorthin und können den Fahrer festnehmen, als er in den Wagen steigen will. Beim Verhör gesteht er, dass er die Nummernschilder und das Fahrzeug gestohlen habe, um damit am nächsten Tag einen Raub zu begehen. Eindeutige Werkzeuge wiesen darauf hin.»

Warum hat der Polizist diese Vorahnung gehabt? Nach intensivem Nachdenken und genauem Beobachten kam er auf die Lösung: Er hatte das Auto nur von hinten betrachtet. Dort hatte er gleichzeitig mit dem Kennzeichen auch tote Insekten auf dem Blech wahrgenommen. Das ist bei einem

Auto im Sommer eigentlich nichts Ungewöhnliches – aber solche toten Insekten sind immer nur auf dem vorderen Nummernschild zu finden! Keiner fährt wohl so schnell und lange rückwärts, dass sich dort so viele Insekten ansammeln würden. Hätte der Dieb auf dieses Detail geachtet und sie entfernt, wäre ihm die Konfrontation mit der Polizei erspart geblieben. Trotz aller Erfahrung mit unserer Intuition – sie bleibt ein Geheimnis. Das ist ja das Spannende daran, dass kein Mensch weiß, wie sie genau funktioniert. Trotzdem können wir uns auf diese Fähigkeit verlassen.

Beim Spiegel-Spiel auf Seite 72f. riet ich Ihnen, dieselbe Körperhaltung wie Ihr Gegenüber einzunehmen, um zu erfahren, wie dieser Mensch sich gerade fühlt. Denn wenn Sie sich genauso bewegen wie diese Person und Sie bis zu einem gewissen Grad in deren Haut schlüpfen, eröffnet sich Ihnen per Intuition ihre Gedankenwelt, und Sie werden wissen, wie sie sich fühlt. Das spielt sich auf einer Ebene ab, die unseren Verstand zu erweitern vermag. Zum Beispiel: Wenn in meinem Abendprogramm ein Gegenstand im Publikum versteckt worden ist und ich diesen Gegenstand dann wiederfinde, klappt das ausschließlich, wenn ich nicht bewusst darüber nachdenke, wo der Gegenstand versteckt sein könnte. Ich folge einfach meiner Intuition. Sobald ich rational an diese Sache gehe, scheitere ich. Man braucht dafür Talent, aber es ist eine Gabe, die man trainieren kann. Umgekehrt gilt: Sehr oft wissen wir einfach, dass irgendetwas nicht stimmt, ohne zu wissen, woher wir es wissen. So wie der Polizist in der Geschichte.

In Gedanken können Sie fliegen, übermenschlich stark sein, Sie können jede erdenkliche Person sein und sich mit jedem treffen, dem Sie begegnen wollen. Sie können jedes Instrument spielen und jeden Berg erklimmen. All das ist möglich, sobald Sie sich in Ihrem Kopf nicht mehr selbst begrenzen. Das war auch der Grund, warum ich 1986 begonnen habe, mich mit Zauberei und Magie auseinanderzusetzen: Ich wollte diese Grenzen überwinden. In der Welt der Zauberei gibt es keine. Sie bot mir deshalb eine Fluchtmöglichkeit in einer für mich sehr turbulenten Phase. Ich konnte mich in eine Alternativwelt hineinkatapultieren, in der ich Herr der Lage war. Und zwar jederzeit.

Angenommen, Sie schaffen das auch. Stellen Sie sich vor, was dann alles möglich würde: In Ihren Gedanken können Sie vorab jede erwünschte Situation durchspielen, und zwar so lange, bis Sie genau so verläuft, wie Sie es wollen. Künstler und Sportler machen das andauernd. Ihr Erfolgsgeheimnis sind die richtigen Bilder in ihrem Kopf. Die großartige Violinistin Anne-Sophie Mutter hat in einem Interview mit dem *Münchner Merkur* Folgendes gesagt und bestätigt damit meinen Ausgangspunkt: *«Ich war nie eine Vielüberin im Sinne von endlosen Stunden täglich. Ich war immer ein sehr intensiver und konzentrierter Studierer. Aber ich liebe es fast noch mehr, Probleme musikalischer oder technischer Natur aus der Distanz zu lösen. Das heißt, einfach über die Analyse als über die ständige fast stumpfsinnige Wiederholung eines Bewegungsablaufs, der, wenn er innerhalb kürzester Zeit nicht sitzt, sowieso nicht funktionieren kann. Da steckt dann ein gedanklicher Fehler drin, und den kann man nur in Abwesenheit des Instruments lösen.»*

Wenn eine Weltklassemusikerin so arbeitet – erst analysieren, dann nachdenken und im Kopf durchspielen –, ist das sicher eine empfehlenswerte Strategie. Wenn sie das Geheimnis des Erfolgs nicht kennt, wer dann?

Eines der Standardwerke zur Motivationsliteratur ist zweifellos Napoleon Hills Analyse «Denke nach und werde reich». Hill beschreibt hier in 13 Gesetzen, wie man durch seine innere Einstellung und richtiges Denken seine Ziele erreichen kann. Bereits im Jahr 1966 erkennt Hill, dass gedankliche Grenzen nicht sein müssen. Allerdings: Die Vorstellung, dass alles mit einem Gedanken beginnt und dass wir als Schöpfer unserer Gedanken über eine Welt ohne Grenzen herrschen, diese Idee war selbst 1966 schon uralt! Bereits in der Antike hatte Hermes Trismegistos seine Erkenntnisse dazu niedergeschrieben. Wahrscheinlich ist dieser Name ein Pseudonym. Dahinter verbergen sich vermutlich eine Reihe von Gelehrten, die ihre Lehren unter dem Namen Hermes Trismegistos zusammengefasst haben. Diese Schriften hatten maßgeblichen Einfluss auf die Philosophen der Renaissance. Der Geheimbund der Freimaurer verehrte Trismegistos. Der Bestseller «The Secret» von Rhonda Byrne ist genau genommen ein exzellent vermarkteter neuer Aufguss der Schriften von Trismegistos, dem sogenannten Kybalion. Mehr über Trismegistos können Sie zum Beispiel im Buch «Das Geheimnis des Hermes Trismegistos: Geschichte des Hermetismus» von Florian Ebeling erfahren. Die Quintessenz ist einfach auf den Punkt zu bringen: Durch gezieltes Denken können wir fast alle unsere Träume und Ziele erreichen.

Lassen wir mal – nur für ein paar Seiten – die Ungeheuerlichkeit dieser Aussage beiseite. Nehmen wir sie mal – nur für ein paar Seiten – als gegeben an und überlegen wir mal – nur für ein paar Seiten –, was wäre, wenn diese Aussage zuträfe!

Dann wären ausschließlich Sie für Ihr Leben verantwortlich, denn Sie sind der freie Schöpfer Ihrer Gedankenwelt. Sie haben die Macht zu bestimmen. Es kommt nur darauf an, wie Sie denken, denn die Welt ist das, wofür Sie sie halten. Mit Ihren Gedanken können Sie immer den Rahmen schaffen, der für Sie gerade günstig ist. Sie wollen jetzt jede Herausforderung annehmen. Jens Corssen lebt das vor. Sogar bei einer nächtlichen Autopanne denkt er: *«Danke, Coach, dass du mich prüfst. Ich dachte schon, du traust mir nichts mehr zu. Es beginnt eine sportliche Trainingseinheit.»* Genau darum geht es. Was wäre hier die Alternative: Fluchen? Schreien?

Wenn Ihnen das hilft, machen Sie das – und wenn Sie sich abgekühlt haben, beginnt Ihre Trainingseinheit. Sie können die Panne nicht mehr ändern, aber Sie können immer beeinflussen, wie Sie darüber denken! Werden Sie Konstruktivist. Aber wie?

KONZENTRIEREN DER KRÄFTE

Am Anfang steht das Ziel. Nehmen Sie es in den Fokus. Schaffen Sie sich Raum dafür, indem Sie Rituale etablieren. Und vertreiben Sie den Stress aus Ihrem Leben. Sonst werden Sie nie ein Gedankenleser sein. Denn: Je mehr Stress Sie haben, desto leichter reagieren Sie auf sämtliche Störenergien, die Sie umgeben. Sie lassen sich leichter ablenken und können nicht konsequent bei einer Sache bleiben. Daher ist der erste Schritt, bewusst zu entspannen. Alles, was ich jetzt beschreibe, funktioniert nur in einem Zustand der entspannten Aufmerksamkeit. Das ist wie in der Hypnose. Die Suggestionen des Hypnotiseurs können nur wirken, wenn das Medium sich im Bewusstseinszustand der entspannten Aufmerksamkeit befindet. Sollten Sie bereits eine Entspannungsmethode haben, die gut funktioniert, bleiben Sie ihr treu. Es gibt immer mehrere Wege zum Ziel, und ob Sie sich mit Tai-Chi, Yoga oder autogenem Training entspannen, ist letztlich gleichgültig. Wollen Sie meine Lieblingstechnik dennoch kennenlernen? Ich habe sie auf einem Seminar mit dem Schweizer Mentaltrainer Andreas Ackermann gelernt. Sie stammt von Professor Johannes Heinrich Schultz, einem Psychiater und Psychotherapeuten. Er gilt als der Begründer des autogenen Trainings, worüber er 1930 seine erste Schrift verfasste. Ich schätze es wegen der unglaublichen Geschwindigkeit, mit der es wirkt.

Die Methode «autogenes Training»

Setzen Sie sich bequem hin und entspannen Sie Ihre Muskeln so gut, wie Sie das auf Anhieb können. Entspannen Sie aber nur so stark, dass Sie immer noch sicher auf dem Stuhl sitzen bleiben. Sie spüren Ihr Gewicht auf dem Stuhl, und Sie spüren den Boden unter Ihren Fußsohlen. Ihr Kiefer und Ihre Muskulatur entspannen sich. Es ist ein angenehmes Gefühl.

Schließen Sie jetzt Ihre Augen und atmen Sie dreimal tief in den Bauch ein und wieder aus. Beim ersten Ausatmen zählen Sie still 3 – 3 – 3.

Beim zweiten Ausatmen zählen Sie 2 – 2 – 2. Beim dritten Ausatmen zählen Sie 1 – 1 – 1. Nach dem dritten Ausatmen sagen Sie sich in Gedanken, dass Sie vollkommen ruhig und entspannt sind. Nichts bringt Sie aus diesem angenehmen Zustand der Ruhe.

Zuerst beginnt sich jetzt Ihr Nacken weiter zu entspannen. Dann wandert die Entspannung über die Schultern beide Arme hinunter bis in die Fingerspitzen. Ihr Brustkorb entspannt sich, und das Gefühl wandert weiter über den Bauch und über die Lenden in die Beine. Beide Beine entspannen sich. Zunächst die Oberschenkel, dann die Unterschenkel und schließlich auch die Füße bis in die Zehenspitzen.

Jetzt schwingen die Hirnströme in einer optimalen Frequenz. Ihr Rhythmus ist messbar. Bei jedem Menschen sieht die optimale Frequenz etwas anders aus. Grundsätzlich gemessen werden Gehirnströme von 0 bis 35 Hertz (Hz). Als Richtmaße gelten:

- 0 bis 4 Hz: Zustand der Bewusstlosigkeit (Delta-Zustand).
- 4 bis 7 Hz: Tiefschlaf (Theta-Zustand).
- 7 bis 14 Hz: Sie sind geistig wach, aber entspannt, in einer angenehmen Phase voll Ruhe und Harmonie. In diesem Zustand haben Sie den besten Zugang zu Ihrem Unterbewusstsein (Alpha-Zustand).
- ab 14 Hz: Sie sind hellwach (Beta-Zustand).

Mit der hier beschriebenen Entspannungstechnik gelangen Sie in den Alpha-Zustand. Daher wird dieses Mentaltraining auch oft als Alpha-Training bezeichnet. Viele Menschen denken, sie wären nicht in der Lage, diesen zu erreichen. De facto erreichen wir diesen Zustand aber täglich. Wann immer Sie für einen Moment aus dem Fenster schauen und dabei intensiv an etwas denken, befinden Sie sich in dieser Phase. Sobald wir längere Zeit stupide Tätigkeiten ausführen, schweifen wir mit unseren Gedanken ab – und schon sind wir im Alpha-Zustand. Wenn wir längere Zeit auf der Autobahn fahren, spüren wir den Alpha-Zustand. Bei klassischer Musik kommen wir ebenfalls schnell dorthin. Sie haben das sicher schon oft erlebt.

Das ist auch ein Grund, warum uns in solchen Momenten sehr oft die Lösung für ein Problem einfällt. Wir sind frei und beschäftigen uns vielleicht gerade mit etwas ganz anderem. Genau in diesen Augenblicken zeigt uns unser Unterbewusstsein, wo die Reise hingehen muss.

VISUALISIEREN IM ALPHA-ZUSTAND

Meinen Alpha-Zustand verbringe ich am liebsten an meinem Lieblingsstrand auf einer kleinen griechischen Insel. Ich höre in Gedanken das sanfte und friedliche Meeresrauschen, ich rieche die salzige Meeresluft und spüre den warmen Sand unter meinen Füßen. Alles ist friedlich. Dieser Ort existiert nur für mich! Wenn Sie an Ihrem Alpha-Zustand-Ort angelangt sind, können Sie beginnen, sich Ihr Ziel auszumalen. Im Alpha-Zustand kommen mir nie Zweifel. Derart entspannt und motiviert, mache ich mich an mein Tagewerk.

Beim Mentaltraining dürfen Sie nicht eine Sekunde darüber nachdenken, wie Sie Ihr Ziel erreichen können. Zweifel sind in dieser Phase Gift. Genießen Sie ausschließlich die angenehme Situation und Atmosphäre, in der Sie sich befinden, und geben Sie sich den prägnanten Bildern hin. Lassen Sie jetzt in Gedanken das Ziel los und entspannen Sie sich erneut. Vielleicht, wenn Sie am wenigsten damit rechnen, wird Ihnen die Lösung klar. Bei der Zielerreichung müssen Sie sich natürlich ethisch-moralisch korrekt verhalten. Einen Freibrief, der jedes Mittel billigt, kann es nicht geben. Aus diesem Grund können Sie am Ende der Visualisierung zu sich selbst sagen: «Ich werde das Ziel erreichen, zu meinem Wohl und zum Wohle der anderen.» Dieser Satz ist von Andreas Ackermann, und ich finde, es ist ein schöner Abschluss jeder Visualisierung.

Nach der Visualisierungsphase gehen Sie wieder zurück an Ihren Traumort und zählen im Geist langsam von eins bis fünf. Sie öffnen Ihre Augen und warten, bis Sie wieder komplett im Hier und Jetzt sind. Dann denken Sie nicht mehr aktiv über Ihr Ziel nach.

Übrigens: Mentaltraining ersetzt kein Handeln, ganz im Gegenteil. Wenn Sie etwas wirklich wollen, müssen Sie auch etwas dafür tun. Oder, um es mit den Worten von Sophokles auszudrücken: «Der Himmel hilft niemals solchen, die nicht handeln wollen.» Auch mit dem Training ist es nicht möglich, alles zu erreichen. Nicht jeder kann alles schaffen. Ich werde zum Beispiel niemals Weltmeister im Schwergewichtsboxen. Auch mit aller körperlichen und geistigen Anstrengung wird mir das nie gelingen. Dafür habe ich einfach nicht die richtige Statur. Um den Sinn Ihrer Ziele zu überprüfen, sollten Sie sich folgende Fragen beantworten:

- Will ich wirklich nichts so sehr, wie diese Ziele zu erreichen?
- Sind meine Ziele widersprüchlich?
- Sind meine Ziele realistisch?
- Sind sie hoch genug gesteckt?
- Gibt es ein Ziel, das als rücksichtslos zu bezeichnen wäre?

Schreiben Sie die Antworten dazu auf, um sich Klarheit zu verschaffen. Sind Sie dann mit allem im Reinen, lassen Sie Ihr Unterbewusstsein für sich arbeiten. Tag und Nacht, selbst wenn Sie schlafen. Mein Freund und Kollege Dr. Michael Spitzbart nennt das «Leben mit Servolenkung». Genau das ist es. Probieren Sie es aus, Sie werden überrascht sein, welche Kräfte sich entfalten.

Ängste reduzieren – eine Übung

Gute Gedanken können der Schlüssel sein, um ein Ziel zu erreichen. Genauso gut können Sie falsche Gedanken daran hindern. Existenzängste, Versagensangst, Verlustängste – die Angst kann so stark werden, dass sie uns lähmt und daran hindert, überhaupt Entscheidungen zu treffen. Um Ihrer Angst Herr zu werden, versetzen Sie sich in den Alpha-Zustand. An Ihrem Traumort angekommen, beginnen Sie, sich einen großen Spiegel vorzustellen. Dieser hat einen breiten schwarzen Rahmen. Visualisieren Sie nun Ihre Angst darin. Nehmen wir an, es handelt sich um Prüfungsangst. Stecken Sie alles hinein, was Ihnen Sorgen bereitet. Bis der Spiegel randvoll ist. Dann stellen Sie sich vor, wie Sie das Schreckensszenario mit einem Hammer zerschlagen. Das Glas zerspringt in tausend Scherben. Stellen Sie sich weiter vor, wie die Scherben verschwinden und sich der schwarze Rahmen auflöst. Dieses Bild visualisieren Sie von nun an nie wieder! Jetzt stellen Sie sich neben der Stelle, an der sich der schwarze Spiegel befand, einen Spiegel in einem weißen Rahmen vor. In diesem Spiegel erkennen Sie dieselbe Situation, aber alles läuft nun Ihren Wünschen entsprechend ab. Vergegenwärtigen Sie sich jedes Detail so genau wie möglich. Wenn Sie vollkommen zufrieden sind, zählen Sie sich ins Jetzt zurück.

Ich selbst benutze ein Ritual, um meine Angst vor dem Auftritt zu reduzieren und mich zu sammeln: Im Publikum läuft dabei immer dasselbe Lied, bevor ich die Bühne betrete. Es ist der Titel «Changes» von der Band Yes. Ich stehe während der Zeit hinter der Bühne und höre mit. Das Lied gibt mir alle Energie, die ich brauche. Ich muss es nur konzentriert hören. Dann spüre ich, wie die Vorstellung vom Bevorstehenden immer näher rückt. Ich bin ganz auf den Augenblick konzentriert und freue mich, gleich auf die Bühne zu treten. Ist das Lied zu Ende, gehen die Scheinwerfer an, und ich darf beginnen. Dank des Rituals kann ich mein Lampenfieber in positive Energie verwandeln.

DIE VERGANGENHEIT ÄNDERN

Seit Mitte der siebziger Jahre wird wissenschaftlich erforscht, wie sich unsere Erinnerungen im Nachhinein verändern lassen. Zahllose Versuche wurden dazu durchgeführt. Die Psychologin Elisabeth Loftus zum Beispiel zeigte ihren Versuchsteilnehmern Bilder von einem Autounfall. Auf den Bildern war zu sehen, wie ein roter Wagen eine Straße entlangfuhr, an einer Kreuzung abbog und schließlich einen Fußgänger anfuhr. Des Weiteren war ein Stoppschild zu erkennen. Die Versuchsleiter fragten dann explizit nach dem Auto, das das Vorfahrt-beachten-Schild überfahren hatte. Später wurden

den Versuchsteilnehmern zwei Bilder gezeigt. Beide Bilder zeigten die Unfallszenerie. Auf einem war ein Stoppschild und auf dem anderen ein Vorfahrt-beachten-Schild zu erkennen. Die Mehrzahl der Teilnehmer war überzeugt davon, schon beim ersten Mal das Vorfahrt-beachten-Schild gesehen zu haben. Die Ergebnisse dieser Studie beförderten zahlreiche weitere Experimente. Sie belegten alle, wie schwierig es ist, sich an Details exakt zu erinnern. Aus diesem Grund sind Zeugenaussagen so oft fehlerhaft.

Die für mich verblüffendsten Ergebnisse zu diesem Thema wurden an der University of Wellington erzielt. Es nahmen 20 Personen an der Studie teil, in der es um Kindheitserlebnisse ging. Heimlich besorgte sich die Versuchsleiterin Kimberly Wade Kinderfotos von den Teilnehmern, aus denen sie eine Fotomontage zusammenstellte. Plötzlich war eine Ballonfahrt zu sehen, die für die betreffenden Personen nie stattgefunden hatte. Darüber hinaus besorgte sich Kimberly Wade drei weitere Bilder, die tatsächliche Ereignisse aus der Kindheit der Versuchsteilnehmer zeigten.

Zunächst wurden den Teilnehmern die Fotos kommentarlos präsentiert. Sie sollten über die abgebildeten Ereignisse berichten. Schon hier merkten sieben der 20 Teilnehmer nicht, dass sie die gezeigte Ballonfahrt nie erlebt hatten. Die Menschen beschrieben das Ereignis sogar recht detailliert! Nach den Treffen wurden die Teilnehmer gebeten, zu Hause nochmal über die Erinnerungen, die durch die Bilder zurückgekehrt waren, nachzudenken. Beim dritten und letzten Gespräch machten schließlich sogar zehn Teilnehmer detaillierte Aussagen über die Ballonfahrt, zu der sie niemals aufgebrochen waren. Bei ähnlichen Studien erzählten die Befragten ebenfalls Geschichten. Sie berichteten zum Beispiel:

- als Kind in einem Einkaufszentrum verloren gegangen zu sein.

- als Kind mit einer Mittelohrentzündung nachts ins Krankenhaus eingeliefert worden zu sein.
- bei einer Hochzeitsfeier Bowle über den Brauteltern verschüttet zu haben.
- aus einem Supermarkt wegen Feuergefahr evakuiert worden zu sein.
- die Bremse eines Autos gelöst zu haben, sodass das Auto den Berg herunterrollte. Und vieles mehr. All das hatte nie stattgefunden!

Im Kapitel «Der Körper verrät unsere Gedanken» habe ich beschrieben, wie es sich auf die Stimmung auswirken kann, wenn man sich mit einer positiven oder einer negativen Erinnerung beschäftigt. Vielleicht war gerade das das Ziel bei den Befragten. Zudem: Wir können nur in der Gegenwart denken. Unsere Gedanken unterscheiden nicht zwischen Vergangenheit und Zukunft. Holen Sie ein positives Erlebnis aus der Vergangenheit hervor, dann lösen Sie dadurch körperliche Reaktionen aus, die je nach Intensität der Erinnerung genauso stark sein können wie zu dem Augenblick, als Sie die Situation tatsächlich durchlebt haben. Mir treibt es noch heute Tränen in die Augen, wenn ich intensiv genug an die Geburt meiner Kinder denke. Gehen wir noch einen Schritt weiter.

Das Erinnerungs-Experiment

Denken Sie etwa 30 Sekunden lang intensiv an eine Ihrer Lieblingsszenen aus einem Film. Danach schwenken Sie um und denken 30 Sekunden lang an eine Party, auf der Sie zu Gast waren. Sie werden spüren, dass das Erleben beider Erinnerungen dieselbe Intensität hat. Sie sind in der Lage, sich die eine Szene genauso schnell ins Gedächtnis zu rufen wie die andere. Es ist sogar möglich, dass das fiktive Ereignis – in diesem Beispiel eine Filmszene – auf Sie in diesem Augenblick stärker wirkt als zu dem Zeitpunkt, als Sie es zuerst erlebten.

Unsere Gedanken unterscheiden nicht zwischen Realität – was immer das sein mag – und Traum. In unseren Gedanken gibt es keinen Unterschied zwischen konkreten Erlebnissen und rein fiktiven Erlebnissen. Die oben genannte Studie mit den Fotomontagen im Heißluftballon unterstreicht diese These sehr deutlich: Unsere Gedanken beschäftigen sich nur mit der Intensität der Erinnerung. Das heißt, jede Erinnerung – ob echt oder nur erdacht – zeigt die gleiche Wirkung! Eine intensive Fiktion hat für unsere Gedanken dieselbe Gültigkeit wie eine reale Erfahrung. Diese Erkenntnis kann für manche Menschen sehr wertvoll sein.

Mit diesem Wissen ist es möglich, seine eigene Vergangenheit zu verändern. Nehmen wir an, Sie haben eine Situation erlebt, die Sie noch heute ärgert. Wir alle kennen solche Vorkommnisse. Angenommen, Sie wurden verbal attackiert und waren in dem Moment so sehr vor den Kopf gestoßen, dass Ihnen keine passende Antwort einfiel. Fast immer ist es so, dass uns die richtige Antwort fünf Minuten später wie nebenbei einfällt – aber dann ist es zu spät. Die Retourkutsche ist verpasst. Anstatt sich aber jedes Mal über eine verpasste Gelegenheit zu ärgern, können Sie Folgendes versuchen: Sie versetzen sich in den Alpha-Zustand und durchleben die Vorkommnisse nochmal – *aber dieses Mal stellen Sie sich vor, Sie hätten Ihrem Gegenüber die schlagfertige Antwort gegeben!* Sie werden sich sofort besser fühlen. Außerdem haben Sie von nun an die richtige Antwort in Ihrem Unterbewusstsein verankert und können sie bei einer ähnlichen Situation aus dem Köcher ziehen – falls nötig.

Das war ein einfaches Beispiel, es gibt aber auch Ereignisse, die komplexer sind. Auch in solchen Fällen gibt es Hilfsmittel:

- Stellen Sie sich die Erinnerungen in Schwarz-Weiß vor, oder ändern Sie die Farben.
- Schieben Sie das Bild der Erinnerung von sich weg.
- Benutzen Sie den bereits erwähnten schwarzen Spiegel und zerschlagen Sie die Szene.
- Drehen Sie das Bild der Erinnerung auf den Kopf.
- Schauen Sie sich die Szene aus der Vogelperspektive an.
- Ändern Sie Kleidungsstücke, Wörter und alles, was Sie stört.

Von nun an wird Sie die Vergangenheit nicht mehr schwächen, sondern stärken. Sie haben neue Lebenskraft gewonnen.

KAPITEL FÜNF
DER AUGENBLICK DER MACHT

«Jetzt sind die guten alten Zeiten, nach denen wir uns in zehn Jahren zurücksehnen», sagte der weise, leider inzwischen verstorbene Sir Peter Ustinov, und dem möchte ich mich gern anschließen. Sie haben sich in der Kunst des Gedankenlesens und der Suggestion versucht. Was Sie nun brauchen, ist Übung im Alltag. Und zwar ab sofort. Denn Aufschieben entfernt Sie von Ihrem Ziel. Probieren Sie es. Ich weiß, wovon ich rede. Als Jugendlicher hatte ich einen sehr guten Freund. Wir waren bereits in der Grundschule Banknachbarn und auch danach sehr eng befreundet. Die meisten der prägenden Erlebnisse hatte ich mit ihm zusammen. Auch meine Liebe zur Musik, zur Sprache und zur Natur wäre ohne ihn bei weitem nicht so ausgeprägt, wie sie heute ist. Eines Tages erkrankte er. In seiner Hüfte war ein Tumor diagnostiziert worden. Nach langwieriger Chemotherapie und einer sehr schweren Operation gelang es ihm jedoch, wieder gesund zu werden. Diese schwere Zeit standen wir gemeinsam durch. Und das schweißte uns enger zusammen. Wir unternahmen von nun an noch mehr miteinander und wurden quasi unzertrennlich.

An einem Sommerabend verabredete ich mich mit ihm

und anderen Freunden zu einem Fernsehabend. Mein Freund kam durch die Tür, und ich merkte sofort, dass irgendetwas nicht stimmte. Er bat mich, kurz mit nach draußen zu kommen, und er erzählte mir, dass seine Ärzte an diesem Tag bei einer Nachuntersuchung Metastasen in der Lunge gefunden hätten. Das saß wie ein Hammerschlag. Es bedeutete für ihn: erneut Chemotherapie, mindestens eine weitere schwere Operation und erneutes Bangen.

In diesem Sommer entdeckte ich beim Einkaufen etwas, wovon ich genau wusste, dass ich meinem Freund damit eine große Freude bereiten könnte. Ich kaufte es und wollte es ihm zum nächsten Geburtstag schenken. Der wäre allerdings erst am 2. März des darauffolgenden Jahres gewesen. Egal, ich wollte die Gelegenheit nicht verstreichen lassen und erwarb das Geschenk. Zu Hause legte ich es in die Schublade. Dort sollte es bis zu seinem Geburtstag bleiben. Am 12. August – knapp sieben Monate vor seinem 18. Geburtstag – verstarb er. Ich habe das Geschenk noch heute.

Der Verlust eines nahestehenden Menschen ist eines der schmerzlichsten Erlebnisse, die es gibt. Durch den Tod meines Freundes veränderte sich sehr viel in meinem damaligen Leben. Manches davon wirkt auch heute noch nach. Und eine der wichtigsten Lehren, die ich aus diesem Erlebnis gezogen habe, war, dass es manche Gelegenheiten nur einmal gibt. Diese Erkenntnis hat meine Haltung grundlegend verändert: Wenn ich heute etwas sehe, wovon ich weiß, dass es einem lieben Menschen Freude machen wird, verschenke ich es sofort. Genauso wie bei allen anderen Dingen: Ich will nicht mehr verschieben, sondern nur noch im Jetzt leben.

Den meisten Menschen gelingt das nicht. Den größten Teil ihrer Aufmerksamkeit richten sie auf Erinnerungen aus der Vergangenheit oder auf Pläne und Ziele in der Zukunft. «Ach, war das damals so schön» oder «Wenn ich dieses Ziel erreicht habe, werde ich glücklich sein». Mit diesem Denken nehmen Sie sich das Gewahrwerden des Augenblicks. Damit nehmen Sie dem Augenblick die Macht. Genau dieses Gewahrsein brauchen Sie aber fürs Gedankenlesen und Ihre Suggestionen.

Natürlich gibt es Routine, und es kann sinnvoll sein, zurückzuschauen, aber wirkliche Macht besitzen wir nur im Augenblick, nicht gestern und auch nicht morgen. So sind Sie am ehesten in der Lage, Ihre Gedanken zu fokussieren und sich in andere hineinzuversetzen, ihre Gedanken intuitiv zu erspüren.

Die 72-Stunden-Regel zum Erfolg

Ich weiß nicht mehr, wo ich das erste Mal von diesem Prinzip gehört habe, aber seither wende ich es oft an, und es hat sich als sehr wirksam erwiesen. Die Regel sagt, dass wir ein geplantes Vorhaben innerhalb von 72 Stunden angehen müssen, weil wir es sonst so lange aufschieben, bis wir es komplett fallenlassen. Nehmen wir an, Sie wollen sich schon lange mal wieder bei einem guten Freund melden und ihm eine Mail schicken. Wenn Sie mit dem Schreiben der besagten Mail nicht innerhalb der nächsten 72 Stunden beginnen, werden Sie sie höchstwahrscheinlich überhaupt nicht schreiben. Das Resultat ist die Formel: «Ich müsste eigentlich mal wieder.» Wenn Sie die Theaterkarten nicht schnell kaufen, dann tun Sie es überhaupt nicht mehr, und aus dem Satz ist bald ein «Ich wäre gerne ...» geworden.

Oft lassen wir uns von anderen oder auch von uns selbst den Wind aus den Segeln nehmen, weil wir denken, ein Vorhaben hätte sowieso keinen Sinn, und nehmen lieber wieder Abstand davon. Das Anwenden von Mentaltechniken ist genauso zu erlernen wie ein Instrument. Viele Ihrer Bekannten werden Ihnen vielleicht sagen: «Dafür ist es jetzt doch zu spät. Um das zu beherrschen, muss man schon als Kind angefangen haben.» Jetzt kommt einer meiner Lieblingssätze: «Was Hänschen nicht lernt, lernt Hans nimmermehr!» Aber stimmt das wirklich? Lassen Sie alle Einschränkungen beiseite und fragen Sie sich: Warum will ich das denn lernen? Sicher, weil es Ihnen einfach Spaß machen würde. Wenn das so ist, tun Sie es. Sie wollen doch sicher nicht der nächste Glenn Gould werden, sondern sich einfach voll mit Spaß an etwas Neuem ausprobieren. Dafür ist es nie zu spät. Der Satz vom Hans stimmt nicht. Es gibt zahlreiche Beispiele für Menschen, die erst spät mit einer Passion begonnen haben, darin aber so sehr aufgehen, dass sie heute Höchstleistungen erbringen.

Gilbert Kaplan zum Beispiel. Er hatte mit 25 Jahren eine Zeitschrift gegründet. Im Alter von 40 Jahren hat er sein Geschäft teuer verkauft. Denn zu dieser Zeit reifte der Wunsch in ihm, Mahlers Symphonie Nummer 2 in c-Moll zu dirigieren. Und zwar in Zusammenarbeit mit einem bedeutenden Orchester. Er war der Ansicht, dass allen bisherigen Interpretationen etwas fehlte. Nur aus diesem einen Grund verkaufte Kaplan sein Unternehmen: Er wollte es besser machen! Jeder hielt ihn für verrückt, und alle Experten meinten, das sei unmöglich. Kaplan hatte zwar als Kind Klavierunterricht gehabt, konnte aber mit seinen 40 Jahren weder richtig Klavier noch irgendein anderes Instrument spielen. Er ignorierte, was alle sagten, und konzentrierte sich nur noch auf sein Ziel. Er lernte von den besten Dirigenten und arbeitete hart und kontinuierlich. Zwei Jahre lang. Das Resultat: Gilbert Kaplan nahm 1996 das erfolgreichste Klassikalbum des Jahres auf!

Lassen Sie sich niemals entmutigen, von keinem. Sie sind

verantwortlich für den Inhalt Ihrer Gedanken und die Richtung Ihres Willens. Wenn Sie sich im Klaren darüber sind, dass Sie immer auch eine Alternative zur jetzigen Situation haben, wollen Sie unweigerlich nicht stehenbleiben. Sie wollen sich bewegen, mehr aus Ihrem Leben machen, und dazu gehört vielleicht auch, dass Sie ein guter Gedankenleser und Menschenversteher werden. Der persönliche Erfolg bleibt nicht aus. Und Sie haben circa 72 Stunden Zeit loszulegen.

KAPITEL SECHS
ES IST MEHR MÖGLICH, ALS SIE DENKEN

Vor drei Jahren erhielt ich von meinem guten Freund und Kollegen Markus Beldig eine E-Mail. Er erzählte darin diese Geschichte.

An der Universität von Kopenhagen wurde im Fach Physik folgende Examensaufgabe gestellt: «Erläutern Sie, wie man mit Hilfe eines Barometers die Höhe eines Wolkenkratzers ermitteln kann.» Ein Student beantwortete die Frage so: «Ich binde das Barometer an eine lange Schnur und lasse es daran vom Wolkenkratzer herab. Die Länge der Schnur plus die Länge des Barometers sind gleich der Höhe des Hochhauses.» Diese originelle Antwort verärgerte den Prüfer so sehr, dass er den Student sofort durchfallen ließ. Der Student focht diese Entscheidung an, da die Antwort zweifellos richtig war. Schließlich zog die Universität in der Angelegenheit einen unabhängigen Schiedsmann zu Rate. Dieser stellte fest, dass die Antwort in der Tat richtig war, aber auf keinerlei Physikkenntnisse des Studenten schließen lasse.

Um das Problem zu lösen, entschied man sich, dem Studenten sechs Minuten Zeit zu geben, um vor einem Gremium eine mündliche Antwort zu liefern, die beweise, dass er wenigstens die Grundlagenkenntnisse der Physik beherrsche.

Fünf Minuten lang saß der Student völlig still und versunken da. Er sprach kein Wort. Der Schiedsmann erinnerte den Studenten an die Zeit, die ablief, worauf der Student antwortete, dass er bereits mehrere relevante Lösungsvorschläge im Kopf habe, sich aber nicht entscheiden könne, welche Lösung er denn nun präsentieren solle. Er wurde daraufhin aufgefordert, sich zu beeilen, und gab schließlich als Erstes folgende Antwort: «Nun, ich könnte das Barometer mit aufs Dach des Wolkenkratzers nehmen und von dort aus über die Dachkante zu Boden fallen lassen. Ich messe dann die Zeit bis zum Aufprall. Die Höhe des Gebäudes kann ich mit der Formel $H = 0{,}5g * t$ im Quadrat ermitteln – das ist aber nicht gut für das Barometer.»

Daraufhin erklärte er: «Oder, angenommen, es schiene die Sonne, dann könnte ich die Höhe des Barometers ausmessen und es anschließend aufstellen, um so die Länge seines Schattens zu messen. Danach ermittele ich, wie lang der Schatten ist, den der Wolkenkratzer wirft. Mit diesem Wissen ist es ganz einfach, durch proportionale Arithmetik die Höhe des Gebäudes zu ermitteln.»

Als Nächstes ergänzte er: «Wenn Sie aber auf einer hochwissenschaftlichen Antwort bestehen: Man könnte das Barometer an einen kurzen Faden binden und wie ein Pendel hin- und herschwingen lassen, zuerst auf der Höhe des Grundes und dann auf dem Dach des Gebäudes. Die Höhe würde dann durch die Differenz der *gravitational restoring force* $T = 2pi *$ Quadratwurzel (l/g) ermittelt.»

Es könnte aber auch so sein: «Wenn der Wolkenkratzer eine äußere Feuerleiter hätte – dann wäre es einfach, diese hochzusteigen und dabei immer die Barometerlängen übereinander einzuzeichnen. Alle Barometerlängen zusammengerechnet ergäben die Höhe des Wolkenkratzers. Wenn Sie lediglich die langweilige, aber orthodoxe Erklärung wollen: Natürlich können Sie mit dem Barometer den Luftdruck auf dem Dach und am Grund messen, den Unterschied der Millibar in Zentimeter umwandeln und so angeben, wie hoch das Gebäude ist. Da wir allerdings immer dazu angeleitet werden, frei zu denken und wissenschaftlich zu arbeiten: Die zweifellos beste Methode bestünde darin, an der Tür des Hausmeisters zu läuten und ihm zu sagen: ‹Ich schenke Ihnen dieses schöne Barometer, wenn Sie mir sagen, wie hoch dieser Wolkenkratzer ist.›» Die Legende sagt, dieser Student sei Niels Bohr gewesen, der einzige Däne, der bisher den Nobelpreis in Physik gewann.

Ich weiß nicht, ob sich diese Prüfung wirklich so zugetragen hat. Die Geschichte zeigt aber in jedem Fall sehr anschaulich, dass es immer mehrere Wege gibt, ein Ziel zu erreichen. Das ist die nächste motivierende Tatsache, die ich Ihnen für das Erlernen der Mentalstrategien mitgeben möchte. Jedes Problem hat mehr als eine Lösung. Viele Menschen machen den Fehler und geben ihre Ziele auf, weil sie sie durch eine bestimmte Methode nicht erreichen konnten, anstatt einfach die Methode zu wechseln, und zwar so lange, bis das gewünschte Resultat erreicht ist. Das heißt nicht, dass der Zweck die Mittel heilige. Es ist genau umgekehrt: Die Mittel heiligen den Zweck, wie der Psychologe Dr. Serge Kahili King sagt.

Wenn Sie also merken, dass Sie mit Ihren eigenen positiven Suggestionen Ihre Ziele erreichen können, dann benutzen Sie dieses Hilfsmittel. Wenn Sie erkennen, dass diese Methode nichts für Sie ist, dann motivieren Sie sich anders. Es geht darum, das Werkzeug zu finden, das zu Ihnen passt. Ich hoffe, ich habe Ihnen genügend Hilfsmittel aufgezeigt, aus denen Sie die passenden auswählen oder einen weiteren Weg entwickeln können. Dabei sollten Sie aber im Hinterkopf behalten, dass der Erfolg, den Sie durch Rücksichtslosigkeit erreichen, höchstwahrscheinlich zur Folge haben wird, dass andere Menschen Ihnen gegenüber rücksichtslos sein werden. Wenn Sie ein Ziel durch Hilfsbereitschaft erreicht haben, werden Sie als Folge sicherlich auch Menschen um sich versammeln, die Ihnen gegenüber hilfsbereit sind. Sie haben das richtige Maß an der Hand.

Im Abschnitt «Sprache schafft Realität» schrieb ich, dass die Scharlatane unseres Gewerbes bestimmte Techniken nutzen, um ahnungslosen Opfern Geld abzuknöpfen. Das heißt aber nicht, dass es nicht Menschen gäbe, die intuitiv tatsächlich ihr Gegenüber genau einschätzen können und damit sinnvolle Ziele verfolgen. Das sollten Sie berücksichtigen. Pauschal lässt sich kein Urteil fällen. Nie! Wir können die Kraft der Intuition nicht genau erklären, sie wirkt aber trotzdem.

Im dunkelsten Mittelalter, zur Zeit der Hexenverbrennungen, wurde folgende Probe gemacht: Die vermeintliche Hexe wurde an Armen und Beinen gefesselt und von einer Brücke in einen Fluss geworfen. Ging die Frau unter, war sie keine Hexe. Trieb der Körper einfach auf dem Wasser, dann müsse die Frau mit Luzifer in Verbindung stehen, so meinte man, und wurde verbrannt. Einem Inquisitor aus Spanien war diese Methode noch nicht ausgefeilt genug, und er hatte folgende Idee: Er gab sechs schwarze und eine weiße Kugel in einen undurchsichtigen Beutel. Die angeklagte Hexe durfte mit einer Hand blind eine Kugel aus dem Beutel ziehen. Zog sie eine schwarze Kugel, wurde sie verbrannt. Hatte sie die weiße Kugel in der Hand, durfte sie unbehelligt weiterziehen. Fragen Sie mich nicht nach der Logik einer solchen Hexenprobe. Eigentlich hätte alles genau umgekehrt sein müssen. Aber damals ging es ganz sicher nicht um Logik und schon gar nicht um Wahrheit. Sie wären wegen des Besitzes dieses Buchs, das Sie gerade lesen, sicher auch angeklagt worden – an meine Perspektive zu dieser Zeit möchte ich gar nicht denken … Übrigens: Es ist überliefert, dass drei Viertel der angeklagten Frauen die weiße Kugel zogen! Niemand weiß, wie es dazu kam.

Im Jahr 1898 erschien das Buch «Futility» (zu Deutsch «Sinnlosigkeit» oder, wie der deutsche Titel lautet: «Titan. Eine Liebesgeschichte auf hoher See») von Morgan Robertson. Der Autor beschreibt darin den Untergang des größten Luxusschiffs seiner Zeit. Sein fiktives Schiff im Buch misst 882 Fuß, wiegt 66 000 Tonnen, hat 3000 Passagiere und Besatzungsmitglieder an Bord und zu wenig Rettungsboote, nämlich nur 24 Stück. Das Schiff galt laut Roman als unsinkbar. Das Sahnehäubchen: Das Schiff hat Robertson, wie gesagt, Titan getauft! Die Titanic – sie kennt spätestens seit dem Film jeder – war 1912 das größte Passagierschiff ihrer Zeit. Sie maß 800 Fuß, wog 70 000 Tonnen, und es befanden sich 3360 Menschen an Bord. Und: Es gab nur 20 Rettungsboote ... Wie kann ein Mensch 14 Jahre vor dem echten Untergang – und 100 Jahre vor Leonardo DiCaprio und Kate Winslet als Filmtraumpaar – eine solche Geschichte schreiben? Zufall? Ich weiß es nicht!

Ein weiteres Beispiel: Mein Bruder hatte einmal versehentlich unseren Kater im Auto mitgenommen, als er unseren Vater von dessen Praxis abholte. Als mein Vater die Beifahrertür öffnete, ist der Kater aus dem Auto gesprungen und weggerannt. Seine Praxis war von unserem Wohnhaus etwa fünf Kilometer entfernt. Obwohl unser Kater niemals zuvor in der Zahnarztpraxis meines Vaters gewesen war (warum auch!) und die Räume im Ortskern lagen – ein für Katzen sehr unfreundliches Revier –, ist er einige Tage später total ausgehungert wieder zu Hause aufgetaucht. Woher kannte er den Weg? Kein Mensch konnte mir seine Orientierungsfähigkeit bisher erklären!

Was ich Ihnen damit sagen will: Es ist viel mehr möglich, als Sie denken. In jeder Situation.

Wissenschaftler müssen sich ebenso dieser Tatsache beugen: auch Niels Bohr. Er befand sich eines Tages mit einem befreundeten Wissenschaftler auf einer Wanderung zu seiner

Berghütte. Dort angekommen, bemerkte der Freund sofort, dass Bohr ein Hufeisen über der Tür hängen hatte. Er war sehr verblüfft, dass ein so rationaler und genialer Wissenschaftler wie Niels Bohr einen solchen Brauch mitmachte, und sagte zu ihm: «Sag mal, du glaubst doch nicht wirklich an einen solchen Unsinn?!» Worauf Niels Bohr entgegnete: «Natürlich nicht ... Es funktioniert aber trotzdem.»

EIN WORT ZUM SCHLUSS

Ich war in diesem Buch sehr ehrlich zu Ihnen und habe Ihnen viele Details aus meinem persönlichen Leben erzählt, viele Gedanken mit Ihnen geteilt. Mein Ziel war es, Sie in meine Kunst einzuweihen. Alles, was ich hier beschrieben habe, ist für mich tägliche Realität und Routine. Ich bin, wie Sie wissen, kein Wissenschaftler, sondern ich halte Vorträge, gebe Seminare und zeige ein Showprogramm, um Menschen an meinem Wissen teilhaben zu lassen und sie zu unterhalten.

Alle vorgestellten Mental-Methoden wende ich im Alltag an, und sie haben mir schon gute Dienste geleistet. Ich wünsche Ihnen, dass sie sich auch in Ihrem Alltag bewähren. Zu Ihrem Fortkommen und für ein zufriedeneres, glücklicheres Leben.

Beim erneuten Lesen dieses Textes ist mir aufgefallen, dass ich zwar viele Techniken beschreibe, aber sie nicht erkläre. Es geht hier auch nicht darum, alles zu beweisen. Es ist mir wichtig, Sie für etwas anderes zu sensibilisieren. Wenn Sie die Dinge unvoreingenommen betrachten – was äußerst schwierig ist und eines intensiven Trainings bedarf –, werden Sie die Welt sehen, wie sie auch noch ist, und Sie können dann das Wahrgenommene nach seiner Wirkung bemessen.

LITERATURVERZEICHNIS

- Ackermann, Andreas: Easy zum Ziel. Wie man zum mentalen Gewinner wird, Anwil 2000
- Bandler, Richard / Grinder, John: Therapie in Trance. NLP und die Struktur hypnotischer Kommunikation, Stuttgart 1984
- dies.: Neue Wege in der Kurzzeit-Therapie. Neurolinguistische Programme, Junfermann Verlag, Paderborn 1981
- Bauer, Joël / Levy, Mark: How to Persuade People Who Don't Want to be Persuade. Get What You Want – Every Time!, New Jersey 2004
- Brown, Derren: Tricks of the Mind, London 2006
- Cohen, Steve: Win the Crowd. Unlock the Secrets of Influence, Charisma and Showmanship, New York 2005
- Collett, Peter: Ich sehe was, was du nicht sagst. So deuten Sie die Gesten der anderen – und wissen, was diese wirklich denken, Bergisch Gladbach 2004
- Corssen, Jens: Der Selbst-Entwickler. Das Corssen Seminar, München / Wiesbaden 2002
- Ebeling, Florian: Das Geheimnis des Hermes Trismegistos. Geschichte des Hermetismus, München 2005
- Eberspächer, Hans: Gut sein, wenn's drauf ankommt. Erfolg durch Mentales Training, München 2008

- Fedrigotti, Antony: Der Power Thinker. Mehr Mut zum Erfolg, München 2005
- Forer, Bertram R.: The Fallacy of Personal Validation. A Classroom Demonstration of Gullibility, In: *Journal of Abnormal and Social Psychology 44,* S. 118–123, 1949
- Gladwell, Malcolm: Blink! Die Macht des Moments, München 2007
- Hill, Napoleon: Denke nach und werde reich. Die 13 Gesetze des Erfolgs, München 2000
- King, Serge Kahili: Der Stadt-Schamane, Stuttgart/Berlin 1991
- McGill, Ormond: The New Encyclopedia of Stage Hypnotism, Carmarthen, Wales 1996
- Molcho, Samy: Körpersprache, München 1983
- Ready, Romilla/Burton, Kate: Neuro-Linguistisches Programmieren für Dummies, Weinheim 2005
- Rosenthal, Robert/Jacobson, Lenore: Pygmalion in the Classroom. Teacher Expectation and Pupils' Intellectual Development, New York 1992
- Rowland, Ian: Full Facts Book of Cold Reading, London 1998
- Seidl Barbara: NLP. Mentale Ressourcen nutzen, Planegg bei München 2007
- Strauss, Neil: Die perfekte Masche. Bekenntnisse eines Aufreißers, Berlin 2006
- Tapperwein, Kurt: Die hohe Schule der Hypnose. Grenzen, Chancen, Risiken, München 2002
- Watzlawick Paul: Wie wirklich ist die Wirklichkeit? Wahn, Täuschung, Verstehen, München 1976
- Wiseman, Richard: Quirkologie. Die wissenschaftliche Erforschung unseres Alltags, Frankfurt 2008

DANKE AN

Barbara Laugwitz und Ulrike Meiser für ihr Vertrauen, die gute Zusammenarbeit und das Lektorat!

Christiane, meine Komplizin und Magierin.

Meine Eltern, die mich stets meinen Weg gehen ließen.

Karl Haas, der für mich mehr ist als nur ein Tourmanager.

Marc Stöckel, der mich sehr gut vertritt und ohne den der Verlag wahrscheinlich nicht auf mich aufmerksam geworden wäre.

Die «Voit Family», Oliver Inteeworn, Tim Inteeworn, Carlotta, Vincent, Marlena, Matze Fischedick, Yves Loris, Familie Meißner – vor allem an Jörg, Michael Spitzbart und Marion, Markus Beldig («How many fingers do you see?»), Michael Rossié (den König der Könige) und Satori sowie alle meine Zuschauer und Seminarteilnehmer, denen ich meinen Erfolg verdanke.